Barro en las Manos del Alfarero

Barro en las MANOS DEL ALFARERO

Segunda Edición

Diana Pavlac Glyer
TRADUCIDO POR
Aroldo Solórzano

Fotografía & diseño por
Matthew K. Tyler

Lindale & Assoc.

A Division of TreeHouseStudios

BARRO EN LAS MANOS DEL ALFARERO

DERECHOS DE AUTOR © 2019 POR LINDALE & SOCIOS
UNA DIVISIÓN DE TREEHOUSESTUDIOS

FOTOGRAFÍA © 2019 POR FOTOGRAFÍA DE MATTHEW K. TYLER
SOBRE Y DISEÑO POR MATTHEW K. TYLER

LAS ESCRITURAS SON DE SANTA BIBLIA, NUEVA VERSIÓN INTERNACIONAL®
NVI® © 1999, 2015

CATALOGACIÓN EN LA PUBLICACIÓN
GLYER, DIANA
BARRO EN LAS MANOS DEL ALFARERO / DIANA PAVLAC GLYER;
TRADUCIDO POR AROLDO SOLÓRZANO
FOTOGRAFÍA POR MATTHEW K. TYLER
FOTOGRAFÍA DE LA AUTORA (A COLOR) POR TIRA J

ISBN: 978-1-937283-20-9

1. FORMACIÓN ESPIRITUAL   2. LA VIDA CRISTIANA

SEGUNDA EDICIÓN 2020
IMPRESO EN LOS ESTADOS UNIDOS DE AMÉRICA.

Barro en las manos del Alfarero: Segunda edición está dedicado a la congregación All Saints'/Todos Los Santos en Oxnard, una congregación que casualmente habla dos idiomas. Nos inspira su ejemplo y les agradecemos por su compromiso con este proyecto. Sin una primera edición, no habría una segunda edición. Ustedes allanaron el camino.

CONTENTS

INTRODUCCIÓN

Me inicié en la cerámica por accidente—al menos eso pareció en ese entonces. De niña, era muy aficionada a una película de Disney llamada *Las tres vidas de Thomasina*. En ella, una gata llamada Thomasina se convierte en un puente de comprensión entre un padre y su hija. Uno de los personajes de la película es Laurie, una tejedora. Al verla jalar y colocar los hilos línea tras línea de color y diseño, al escuchar el sonido de esos largos cilindros de madera hamaqueándose, descubrí que tejer es un acto creativo que une lo mejor del color, el diseño, la música y la danza. Quedé encantada. Años más tarde, cuando estaba en el último año de la escuela secundaria, mi consejero me dijo que tenía que inscribirme en una clase electiva de arte, y me entusiasmé con la idea. Me inscribí en la clase de Tejido 101.

Cuando llegó mi horario, noté el error de inmediato. En vez de estar inscrita en Tejido 101, aparecía inscrita en Cerámica 101. ¿Cerámica? Ni siquiera estaba segura de lo que era la cerámica. Molesta y resentida, decidí asistir a la clase sólo una vez, con planes de juntarme con mi consejero al final del día y explicarle que no había forma de que yo me quedara en esa clase. Después reacomodaría las cosas para tener las clases que había querido desde un principio. Pero algo sucedió en mi corazón cuando entré al estudio de cerámica. Vi al alfarero hacer girar un trozo de barro en el torno de alfarero y luego alzarlo en algo parecido a un cilindro para al final formar una vasija—una transformación mágica había ocurrido en minutos. Un simple trozo de barro había sido cambiado para siempre en algo valioso y bello. Yo también cambié. Quería ser alfarera.

Nunca me incorporé a la clase de tejido, pero he estado trabajando en el torno de alfarero desde entonces. Ser artista es una de las más profundas y sublimes cosas que hago. Profunda porque satisface mi corazón por completo. Sublime porque me eleva feliz, sin palabras ni esfuerzo a una comunión con mi Creador.

La Biblia dice que Dios es como un alfarero, y que nosotros somos como el barro. Esta bella imagen tiene un significado especial para mí, y me maravillo cada vez que voy al estudio de cerámica, me siento al torno y empiezo a trabajar. Me parece que entre más sabemos del barro, el horno, los tornos, el chamote, la cocción, el amasado, y todo eso, más vívida y útil se vuelve esta ilustración espiritual para nuestra vida diaria.

En este librito compartiré algo del rico significado de esta imagen—Dios es el alfarero, nosotros el barro. Y lo animaré a reflexionar, pensar, orar y hablar con otros sobre el significado de este cuadro transformador en su propia vida.

Diana Pavlac Glyer

CREANDO

01

*Dios nos dice que Él es como un
alfarero trabajando con el barro.*

A través de la Biblia, Dios usa imágenes para ilustrarnos cómo es Él. Dios es como un amoroso pastor. Un buen vecino. Una torre fuerte. De todas las ilustraciones que Dios ofrece, una de las más antiguas y persistentes es esta: Dios es como el alfarero y nosotros somos como el barro.

Todo comienza en el principio, con la historia de la creación en el libro de Génesis. Dios habla, y toda la creación prorrumpe a la existencia: ¡Sea la luz! ¡Hágase la tierra! ¡Que haya agua, plantas y cosas vivientes! El escenario es enorme, el trabajo glorioso, la voz del Señor majestuosa, y la acción se da en la mayor escala posible.

Esa es la gloria del capítulo 1 de Génesis. Pero dele vuelta a la página y todo ha cambiado. El tema que apenas hace un momento era tan grande como el universo se convierte de súbito en algo pequeño, callado y muy, muy personal. Uno puede casi oír la quietud cuando Dios se desplaza por el mundo fresco y verde para comenzar un nuevo acto de creación:

> *Y Dios el SEÑOR formó al hombre del polvo de la tierra, y sopló en su nariz hálito de vida.*
> **GÉNESIS 2:7**

El Señor Dios formó al hombre. Y note cómo lo hizo. La palabra que es traducida como "formó" viene de la palabra hebrea *yatsar* y *yatsar* se refiere a formar, estirar, apretar, presionar y moldear algo a una forma específica.

Esa palabra, *yatsar*, es muy específica en cuanto a la acción creadora de un alfarero que trabaja con el barro—de hecho, se usa la misma palabra en Jeremías 18 y 19, donde el profeta va a la casa del alfarero y lo observa mientras centra el barro, lo abre, lo estira y lo forma en el torno de alfarero.

A través de las escrituras, hay muchas imágenes diferentes de Dios, un torrente de imágenes que nos ayudan a entender cómo es Dios. Aquí, en el relato de Génesis, en el principio, Dios escogió la imagen del alfarero y el barro, y repite esa imagen muchas veces. Por ejemplo, Jeremías 18:6 dice que nosotros somos como el barro en las manos del alfarero. En Isaías 45:9 se nos llama barro, y en Romanos 9:21, se nos llama masa de barro. En Isaías 29:16, 2 Corintios 4:7 y 2 Timoteo 2:20, somos llamados ollas o vasijas de barro o vasos de barro. Isaías 64:8b dice:

> *Nosotros somos el barro, y tú el alfarero. Todos somos obra de tu mano.*
> **ISAÍAS 64:8**

¿Qué atributos de los alfareros y el barro *en particular* nos ayudan a comprender por qué Dios describiría su trabajo de esta manera?

EL ALFARERO SE INCLINA SOBRE LA VASIJA PARA FORMARLA.

Para trabajar en el torno del alfarero, el alfarero tiene que inclinarse, sentarse y acomodarse. El alfarero rodea el torno y casi lo abraza con su cuerpo. Leemos en Génesis 1:2 que el Espíritu Santo se movía sobre la faz de las aguas. En la creación, Dios desciende. Se acerca. Se inclina. Ronda de cerca.

Esta es la verdad de la creación; también lo es de la encarnación. Jesús descendió del cielo, se hizo carne, y habitó entre nosotros. Jesús se acercó y tocó a los leprosos, abrazó a los pecadores, sostuvo a los niños. El mismo Dios que lanzó estrellas a través de los cielos se ciñó una toalla, se hincó y les lavó los pies a sus discípulos.

El alfarero debe inclinarse sobre la vasija para formarla; la alfarería demuestra a un creador que se inclina muy bajo y se acerca.

EL BARRO SE DESPARRAMA SOBRE EL ALFARERO CUANDO ESTE LO TRABAJA.

Algunas formas de arte le permiten al artista trabajar a una distancia cortés. Un escultor podría estar de pie con un martillo y un cincel, para tallar un bloque de mármol. Un pintor sostiene las brochas para aplicarle la pintura a un lienzo. Pero cuando yo trabajo con el barro, este me empapa las manos, se me desliza debajo de las uñas, me salpica la ropa, se me queda en el pelo. Estuve sentada en una cena formal recientemente y me volteé para presentarme a una estudiante que estaba en nuestra mesa. Ella sonrió y me dijo, "Apenas la reconozco ahora, pero ya fuimos presentadas. Yo visité su clase de arte hace algunos meses. La última vez que la vi, profesora, ¡usted estaba cubierta de barro!"

Es cierto, cuando me estiro para tocar el barro, se me mete en todo. Y durante todo el día parece que siempre estoy encontrando manchas de barro por aquí o por ahí. No importa cuando tiempo pase en el lavabo aseándome, alistándome ya sea para dar una conferencia sobre Shakespeare o para salir a cenar con mi esposo, inevitablemente parezco descubrir (¡demasiado tarde!) que se me pasó por alto una parte, y el barro todavía me marca las manos. No puedo evitarlo.

Cuando he estado sentada al torno por un rato, el agua me satura las manos, y el barro mojado y resbaloso se me mete entre los pliegues de la piel de mis puños, y se pliega dentro de los espacios de mis dedos. No lo puedo evitar.

Aun más—eventualmente, como mis manos han estado inmersas en hacer arte por un tiempo, pedacitos, fragmentos diminutos de barro penetran hasta los poros de mi piel. Y ahí se quedan. Es inevitable.

En Isaías 49:15-16, el Señor dice:

¡Yo no te olvidaré! Grabada te llevo en las palmas de mis manos.
ISAÍAS 49:15-16

De igual manera, el barro queda literalmente impregnado en la piel del alfarero.

El barro se le mete por todos lados al alfarero cuando este lo trabaja; la alfarería ilustra la constancia e intimidad de Dios.

LA NATURALEZA SUAVE Y SENSIBLE DEL BARRO SIGNIFICA QUE LAS HUELLAS SE QUEDAN FÁCILMENTE EN LA SUPERFICIE DE LA VASIJA.

Uno puede ir a un museo y ver vasijas de barro que tienen miles de años. A pesar del tiempo transcurrido, todavía mantienen las marcas del alfarero que las hizo. No es solo que estas reflejen el talento creativo de la personalidad del alfarero. Hay algo más: hay marcas verdaderas impresas dentro del barro. Piense en esto—aunque esos dedos humanos se convirtieron en polvo hace siglos, la marca clara de esas huellas digitales permanece.

Toda obra de arte lleva la marca y revela la naturaleza del artista. Pero el barro es muy sensible, y comparado a otras formas de arte, el barro muestra esas huellas digitales con más claridad. El cristiano que responde al llamado de Dios tiene la marca del Redentor al igual que la vasija que fue buscada, preparada, formada y cocida lleva la marca del que la hizo.

El barro responde sensible y permanentemente al toque del alfarero; la alfarería representa el contacto cierto de Dios en nuestras vidas.

PREGUNTAS PARA REFLEXIÓN Y CONVERSACIÓN:

Dios es creador, artista, hacedor. Reflexione en una ocasión en la que usted hizo alguna cosa: cualquier cosa, desde reconstruir un carburador a escribir una canción o colorear con crayones. ¿Qué pasos dio para completar el trabajo? ¿Qué sentimientos tuvo mientras progresaba paso a paso? ¿Sintió usted que su creatividad era un regalo divino, una reflexión de la naturaleza creadora de Dios? ¿De qué manera?

Haga una lista de las ocasiones en que usted ha visto claramente las huellas de Dios en las circunstancias de su vida. Luego tome un tiempo para agradecerle a Dios por ello.

ORACIÓN:

Tú que eres el Rey de toda la creación te has inclinado para cuidarme. Tú que supervisas todas las galaxias te has involucrado íntimamente en todo lo que tiene que ver conmigo. Tú que eres el poderoso todavía llevas las marcas de tu creación en tus manos. Abre mis ojos, Señor, para verte más claramente en esta etapa de mi vida como nunca antes. Espero con anticipación una nueva perspectiva sobre quién eres, y quién soy contigo. Amén.

BUSCANDO

02

*El alfarero busca el barro activamente
y se regocija cuando lo encuentra.*

Todavía es temprano en la mañana cuando el alfarero termina lo último que le queda de su desayuno. Recoge los platos, coge un viejo bastón nudoso, y sale a través de los bosques detrás de su casa. Camina a la orilla del riachuelo, y luego sube el empinado sendero que lo lleva a las colinas cercanas. Está buscando barro.

El barro se forma en la tierra cuando la lluvia cae sobre las rocas disolviendo minerales, óxidos y materiales orgánicos. Al lavarse estos, se mezclan uno con el otro y se depositan en las márgenes del río, o se asientan en el fondo de un lago poco profundo o arroyo. El cieno y la tierra se acumulan encima, las plantas se enraízan, y ahí se queda. Escondido.

Escondido hasta que el alfarero va a buscarlo. Caminando lejos de su casa, subiendo en las colinas, buscando a través de senderos olvidados, cavando a través de capas de sedimentos.

Cuando un alfarero busca barro, es como el minero que cava túneles a través de la tierra para encontrar un depósito de oro o cobre, plata o joyas (Proverbios 2:4). Es como un mercader que busca perlas finas (Mateo 13:47-49). O una mujer que busca con cuidado una moneda perdida (Lucas 15:8-10). O un padre que busca con nostalgia día tras día al hijo que se le ha perdido (Lucas 15:11-31).

O un pastor que va en busca de esa ovejita:

> *Supongamos que uno de ustedes tiene cien ovejas y pierde una de ellas. ¿No deja las noventa y nueve en el campo, y va en busca de la oveja perdida hasta encontrarla? Y, cuando la encuentra, lleno de alegría la carga en los hombros y vuelve a la casa.*
> **LUCAS 15:4-6**

En Ezequiel 34:15-16, Dios nos muestra más de su corazón pastoral. "Yo mismo apacentaré mi rebaño," dice el Señor. "**Buscaré a las ovejas perdidas, recogeré a las extraviadas, vendaré a las heridas y fortaleceré a las débiles.**" Dios nos ama, nos valora, nos busca con ilusión y se regocija por nosotros al encontrarnos.

El buen pastor conoce a sus ovejas—cada una es única de muchas maneras. El barro también es así. Dependiendo de la mezcla particular de minerales y otras materias primas, cada tipo de barro adquiere una calidad y carácter singular. La textura varía de áspero y arenoso a sedoso y liso. Puede ser poroso o denso, pegajoso o desmenuzable, suave o sólido. Aun los colores varían de un tipo de barro a otro. Los hay desde blancos brillantes a marfiles pálidos; desde rojos intensos a marrones achocolatados o negros de medianoche.

Las características específicas del barro, su porosidad, plasticidad, apariencia, temperatura de cocción, todas son inherentes a ese barro en particular. Esas cualidades no son añadidas después—ya son parte de la mera composición de la naturaleza del barro. El tipo de barro con su naturaleza inherente se llama *cuerpo de arcilla.*

Un buen alfarero reconoce las cualidades únicas y bellas de cada tipo de barro. La presión que el barro puede tolerar, la cantidad de calor que necesita para alcanzar su potencial—estos factores y otros varían de barro a barro, y el buen alfarero entiende las diferencias.

Es posible que usted conozca a alguna familia en la que los niños son muy diferentes uno del otro. Un niño es tranquilo, el otro irritable. Uno se despierta con un susurro, el otro duerme a través de una tormenta. Uno es alegre y risueño; el otro taciturno, caprichoso. Uno es impaciente, inquieto, siempre listo para algo nuevo. El otro es cauteloso, resistente al cambio.

Mi familia es así. Cuando yo era niña, era la típica primogénita de muchas formas: sensible. Obediente. Era como la porcelana. Cuando hacía algo malo, todo lo que mi mamá tenía que hacer era echarme "esa mirada" y decir mi nombre completo. Sabía que estaba en un lío. Me derretía en lágrimas, devastada.

Mi hermana, por otro lado, está hecha de un material más duro. Ella es, de muchas maneras, la típica hija segunda: fuerte. Tranquila. Ella es como una loza de barro. Cuando se portaba mal, mamá tenía que usar todo su arsenal: regaños, bofetones, amenazas, castigos. Mi hermana sabía que tenía un problema. Pero solo miraba a los ojos de mi mamá y se encogía de hombros, tranquila.

Los padres sabios saben como adaptarse al temperamento particular de cada hijo; para ser justos, tienen que manejar a cada individuo de manera un poco diferente. Los maestros sabios saben como ajustar los requisitos de una clase a los intereses y habilidades de sus estudiantes. Los alfareros sabios saben como adaptarse al temperamento particular del barro. Y Dios con toda su sabiduría sabe lo que es mejor. Me ha buscado y conocido, y me ha llamado por mi nombre.

PREGUNTAS PARA REFLEXIÓN Y CONVERSACIÓN:

Dios lo ha estado buscando toda su vida. Si usted ha respondido a su llamado y ha sido hallado, tome unos minutos para agradecerle por la manera en que lo hizo suyo. Si usted nunca le ha respondido, tome un momento para considerar lo que podría significar para usted, una oveja errante, el ser encontrada y llevada a casa. Luego encuentre a alguien que le pueda decir más sobre el Buen Pastor que lo ama.

Cada tipo de barro tiene cualidades únicas; cada uno de nosotros es único en su personalidad, habilidades y talentos. Pase algún tiempo escribiendo en un diario las maneras en la que usted es un trozo de barro único. Luego pídale a Dios que le muestre estas cualidades y fortalezas únicas para su servicio.

ORACIÓN:

Dios, en tu bondad, me sigues buscando, trayéndome a casa, acercándome a tu lado. Gracias por ver en mí algo de infinito valor. Quiero que me uses para hacer algo de mucha importancia. Enséñame la manera de estar disponible para que tu mano milagrosa pueda hacer cosas poderosas en la tierra a través de mí. Amén.

03 PREPARANDO

*El alfarero saca el barro de la
tierra y lo limpia y prepara.*

Para cuando el alfarero encuentra el barro y lo excava del suelo, ha estado prensado en la tierra por largo tiempo. Como resultado, tiene ciertas impurezas incrustadas. Hay piedras pequeñas, hierbas, fragmentos de hojas y hueso, todo como resultado de haber estado prensado contra el mundo. Muchas de estas cosas son muy pequeñas y no parecen ser significativas en particular. El barro se ve estupendo: limpio, liso y puro. Pero si estos cuerpos extraños no se extraen, habrá serias consecuencias en la vida de la vasija.

Una astillita de madera, una piedrita, una bolsa de aire, o semilla, arena, raíz, o hierba. Es posible que tales cosas permanezcan escondidas por un largo, largo tiempo. Pero en el proceso de cocción, al calor del horno, nada puede permanecer escondido por mucho tiempo. Reaccionará bajo el calor. La vasija explotará, a veces derrumbándose en un montón de escombros, a veces volando con tanta fuerza que fragmentos afilados quedarán incrustados a los lados de la cerámica que la rodea.

Las vasijas se forman individualmente, una por una en el torno del alfarero, pero tienen que pasar por el proceso de cocción juntas. Los residuos ocultos se hacen visibles al ser probados con el fuego, y el resultado puede ser un lote completo de vasijas lastimadas y arruinadas por un defecto pequeño, personal, privado.

Conozco familias que se relacionan muy bien la mayoría del tiempo. Pero luego, de pronto, llegan tiempos difíciles. Se pierde un trabajo. Se enferma un hijo. Las finanzas se estrechan. Y algún asunto pequeño, un pecado que permanecía oculto, una situación que fue ignorada, un hábito personal que fue cuidadosamente controlado durante los buenos tiempos—se convierte en algo así como una bomba de tiempo. Y los individuos y las familias se desgarran.

He oído que la razón principal por la que los misioneros cristianos dejan el campo misionero se debe a los conflictos que tienen con otros misioneros. En el calor de la mudanza de lo familiar, y los ajustes necesarios para una nueva cultura, y los esfuerzos por establecer un nuevo trabajo, sus defectos de carácter y pecados ocultos comienzan a hacerles daño.

Aun los tiempos de bonanza pueden convertirse en campos de prueba para los defectos de carácter o los negocios inconclusos. ¿Cuántas veces algo como unas emocionantes vacaciones familiares se convierte en una oportunidad para que Dios le suba la intensidad al fuego para ver lo que realmente hay en nuestros corazones?

Los defectos y las impurezas saldrán a luz bajo el fuego de la prueba, pero en general, se descubren y se trata con ellos antes, previo a que la vasija sea puesta en el horno. Esto es por el bien de la vasija, y para protección de las otras vasijas cercanas. Pero es también para proteger al alfarero. Piedras, hierbas, y otras cosas minúsculas se tornan peligrosas en el proceso de formación. Estos escombros, el desorden de estas impurezas, deben ser corregidos, o pueden rasgar o aun punzar las manos del alfarero.

Puesto que esto es un problema serio, el alfarero sabio es más cuidadoso en esta etapa del proceso. El barro debe ser limpiado de todo tipo de impureza. Se le examina cuidadosamente, y las piedras, hierbas y otros fragmentos deben ser retirados cuidadosamente. Podría incluso ser puesto a través de un cedazo para eliminar aun los más pequeños fragmentos que podrían ser dañinos.

Tuve una experiencia reciente que me ayudó a recordarme de lo que significa lidiar con cuidado aun con las pequeñas cosas de nuestras vidas. Estaba en el campus de la universidad donde enseño, y una de mis estudiantes vino a mi despacho para preguntarme si podía hablar conmigo. Sus ojos azules se llenaron de lágrimas rápidamente al apenas sentarnos, y soltó de golpe: "¡Estoy tan avergonzada de lo que hice! No he podido ni siquiera dormir. ¡La vi hoy y el corazón me empezó a palpitar tan fuerte que me asustó!"

No tenía la menor idea de lo que quería decir. No podía ni imaginar lo que le estaba causando tal angustia. Con la vista baja: "Hice trampa en la última prueba. Añadí una respuesta correcta extra después de que la corregimos en clase, justo antes de entregarla. Eran solo dos puntos extras. Una cosa pequeña. Pero no me importa lo que pase con mi nota. Solo necesito decirle que me equivoqué y lo siento tanto."

La estreché en mis brazos. Hacer trampa en una prueba diaria era una cosa pequeña. Venir a confesarlo era una gran cosa. Le agradecí su valentía, y le dije que le deduciría esos dos puntos y corregiría su nota.

Luego le agradecí de nuevo y le dije que su deseo de mantener una integridad absoluta me llenaba de admiración. "Eres una modelo de lo que es caminar con Cristo, sensible a su palabra, presta a obedecer las indicaciones de su Espíritu. Ese don de un alma sensible es uno de los dones más importantes que Dios te dio. Nunca dejes que nada comprometa ese fuerte deseo de hacer las cosas bien."

Sé algo del daño que pueden causar aun las cosas pequeñas.

PREGUNTAS PARA REFLEXIÓN Y CONVERSACIÓN:

¿Hay cosas en su vida, grandes o pequeñas, que Dios quiere eliminar de su vida porque ellas le hieren el corazón y lastiman a otras personas?

¿Hay gente con la que usted necesita hablar para arreglar un asunto que haya causado estrés, tensión, vergüenza, o inquietud?

ORACIÓN:

Oh Dios, hay cosas en mi vida que pensaba que eran asuntos privados o cosas insignificantes. Pero ahora veo que son realmente peligrosas. Me lastiman, te hieren, lastiman a otros. No he tratado con ellas de la manera que debería. Confieso que he estado equivocado. Confiando en tu bondad, te doy permiso pleno para eliminar _____ de mi vida. Te lo entrego, sabiendo que aun las cosas pequeñas pueden traspasar tus manos. Te lo entrego, convencido de que aun las cosas pequeñas lastimarán a mis hermanas y hermanos. Quita las rocas, hierbas, piedras, y burbujas en mi corazón, y llena los aposentos vacíos con un bálsamo sanador y la presencia de tu Santo Espíritu, en el nombre de Jesús. Que esta sea mi oración día tras día. Amén.

COMPROMETIÉNDOSE

*El barro es amasado y luego firmemente
sujetado al torno del alfarero.*

Después de que el barro está completamente limpio, es amasado, un proceso similar al de amasar pan. Es un paso importante, requiere la atención paciente del alfarero. Conlleva un ritmo satisfactorio de presión, vuelta, presión, vuelta.

El amasado saca las burbujas de aire y cualquier impureza que quede a la superficie para que sean eliminadas con facilidad.

El amasado también hace consistente la textura en todas las partes del barro. La textura del barro debe ser la misma de pies a cabeza. Cualquier parte que esté tiesa o blanda debe emparejarse. La humedad debe ser pareja en todo el barro (¡Acaso no es interesante que el agua, la humedad, sea utilizada en la Biblia como símbolo del Espíritu Santo!).

Hay algo más que hace el amasado: alinea las partículas del barro. Si usted pudiese ver bajo el microscopio, notaría que el barro está compuesto de platos planos, algo así como los platos de comer. En el barro crudo, estos platos están orientados a diferentes direcciones—horizontal, vertical, y cada ángulo posible. El amasado hace que estos platos planos se alineen, orientándose todos a la misma dirección, y esta unidad le da al barro mucha mayor fortaleza.

Me gusta pensar que es como si el barro fuese llevado a la armonía, todas sus partes equilibradas y en paz. Santiago 1:7 dice que cuando tenemos doble ánimo, somos inestables en todos nuestros caminos. Con gran cuidado y paciencia, el alfarero amasa el barro para que todas las partículas estén en consonancia, de manera que todas las partes de la bola de barro limpio estén estables y fuertes.

Esos movimientos callados, rítmicos, repetidos, hacen que el barro llegue a un estado de completa consistencia. Cuando está listo, el alfarero levanta el barro amasado y con suavidad lo palmea a una forma oval. Luego, con un movimiento rápido y deliberado, el alfarero sostiene el barro arriba y lo "golpea" contra la superficie plana y redonda del torno del alfarero. Compromiso. ¿Por qué tal acción tan súbita, fuerte, casi violenta? Porque el barro tiene que quedar plena y completamente pegado al torno de alfarero de manera que el alfarero pueda hacer cualquier cosa con él.

Los momentos de compromiso están por todas partes: son claros, medibles, memorables, poderosos. Una ceremonia de matrimonio. Un contrato de trabajo. Una solicitud para la universidad. Una licencia para practicar la medicina o el derecho o el ministerio pastoral. Los votos que llevan a alguien a la vida monástica. Durante toda nuestra vida, somos llevados a momentos de decisión precisos y específicos, momentos que vienen acompañados con frecuencia de una ceremonia o rito.

Cada uno representa un punto de compromiso rápido y deliberado. Recuerdo cuando nuestros ahijados fueron dedicados a Dios, y, en una bella ceremonia, hicimos el voto de orar por ellos, cuidarlos, e invertir nuestro tiempo, energía y recursos en sus pequeñas vidas. Ellos eran diminutos, rosados y perfectos, arrullados en sus frazadas azules, dulces, adorables y sin complicaciones. Hacer ese compromiso fue fácil.

Ahora tenemos un compromiso que guardar. Esos preciosos ahijados han crecido. Son fuertes y animados, a punto de reventar de energía y llenos de vida. Viven a más de una hora de camino, y nuestras agendas y las suyas, están generalmente saturadas. Mantenerse al tanto de ellos, bendecirlos y cuidar de ellos de forma regular es complicado. El compromiso fue rápido y fácil. Pero la constancia es larga y dura.

Así como hay cosas que pueden hacer transigir la fuerza de nuestros compromisos personales, así hay cosas que ponen en peligro el compromiso fuerte que mantiene al barro pegado con firmeza al torno. Cuando el alfarero empieza a trabajar en el torno, un poco de agua podría deslizarse bajo el barro. O, en el proceso de pegar el barro, un poquito de aire podría quedar atrapado por debajo. Estos pueden dañar el sello que mantiene al barro firme al torno del alfarero. Si esto sucede, entonces en cuanto el alfarero empieza a aplicar un poco de presión, el barro se resbalará para un lado y saldrá volando.

Para que el alfarero pueda trabajar, nada puede girar fuera de control, derramándose por los lados, resbalándose al piso, corriendo en dirección a la puerta. La única forma de que el alfarero trabaje en el barro es que este esté pegado con firmeza al torno. Y para eso, debe permanecer firmemente pegado al torno.

Pienso en un estudiante de doctorado preparándose para su examen privado. Día tras día, semana tras semana. Y a veces se pregunta si vale la pena.

Pienso en un científico, asistiendo con paciencia al laboratorio cada día, trabajando en la investigación. Pasos intricados, repetidos, meticulosos.

Una madre trabajando con un hijo mal portado.

Un maestro trabajando con un estudiante disléxico.

Un atleta entrenando para una competencia que está a meses, quizás años, en el futuro.

Un terapista físico trabajando con un paciente, luchando juntos para devolver el movimiento a una mano lastimada.

Con frecuencia en nuestras vidas, no son los grandes desafíos los que nos derrotan. Son los desafíos pequeños y cotidianos que surgen de un compromiso específico hacia una persona, un proyecto, un trabajo, una misión, una forma de vida, que luego, con el paso del tiempo se convierte más en un yugo cotidiano.

No son las dos semanas de mochilero en las alturas de las montañas; es caminar el sendero diario de la casa al trabajo paso a paso, paso a paso.

No es luchar con un puma. Es morirse por mordiscos de pato.

El seguir a Dios significa el cultivo de la fidelidad. Él nos dice que no debemos poner la mano en el arado volviendo la vista atrás—el trabajo se hace cuando hay un compromiso y una devoción firme y constante (Lucas 9:62).

Dios ha tomado la iniciativa: como el alfarero que busca el barro, Dios nos ha buscado, acercado a él, limpiado y preparado. Llega el tiempo cuando hay que dar una respuesta específica y sin reservas. Comprometemos nuestras vidas a Cristo.

Y habiendo hecho ese compromiso, perseveramos. Resistimos la tentación de claudicar. Proseguimos, aun cuando el hacerlo sea inconveniente, molesto, incómodo, o peligroso.

PREGUNTAS PARA REFLEXIÓN Y CONVERSACIÓN:

¿Lo ha convencido Dios acerca de cualquier área de su vida que no vaya bien debido a que usted no ha hecho un compromiso decisivo? Si es así, tome tiempo para hacer firme ese compromiso.

Piense en los proyectos a largo plazo en que esté trabajando. Haga una lista de ellos. Luego pídale a Dios su ayuda para fortalecer su resolución y lo ayude a terminar bien.

ORACIÓN:

Perdóname, Misericordioso Padre Celestial, por las veces en las que he roto mis compromisos debido a que la situación se puso dura. Muéstrame si necesito tomar medidas para reparar cualquier daño que haya causado. Y ahora, reaviva la esperanza en mi corazón para enfrentar los desafíos en mi camino en este día. Dame fortaleza y valor para perseverar en esas cosas a las que fui llamado. Y que cuando llegue al final de mi vida, déjame decir como el apóstol Pablo, "He peleado la buena batalla, he terminado la carrera, me he mantenido en la fe" (2 Timoteo 4:7). Luego déjame correr la carrera, este día, con alegre resistencia. Amén.

CENTRANDO

05

*El alfarero hace girar el torno de alfarero,
aplica el agua y centra el barro.*

Cuando estoy trabajando con estudiantes, siempre están buscando atajos. Pero el dominio de un arte creativo lleva tiempo, y los primeros pasos pueden ser tediosos y frustrantes: el pintor estira el lienzo, el pianista practica escalas, el bailarín repite un paso o una vuelta, el fotógrafo memoriza las tablas de aperturas. La parte del proceso que más frustra a mis estudiantes es el tiempo que toma centrar el barro. No es tan difícil. Sólo toma mucho tiempo.

Una vez que el barro es fijado al torno, el alfarero lo hace girar. La mayoría de alfareros utilizan tornos eléctricos. Se controla la velocidad del torno con un pedal que es casi como el pedal de aceleración en su automóvil. Cuando se presiona el pedal, el torno gira más rápido o más lento, dependiendo de la clase de trabajo que el alfarero realice. Algunos alfareros prefieren tornos de patada o de pedal, tornos no eléctricos que se controlan con los movimientos de los pies del alfarero.

El proceso de hacer una vasija en el torno del alfarero se llama modelado. La idea del modelado, o moldeado, es darle forma a algo mientras gira. Son las vueltas o giros del torno, la fuerza centrífuga, la que el alfarero usa para moldear un trozo de barro para hacer un vaso, jarrón, o tazón.

Pero primero el barro tiene que ser centrado; o sea que, cada parte y cada aspecto de él debe estar alineado con el corazón del torno.

Cuando el bloque de barro comienza a girar, obviamente está descentrado—tiene una forma irregular, se tambalea de un lado a otro, sigue su propio camino, va por muchas direcciones y todo al mismo tiempo.

El alfarero toma un poco de agua para humedecerse las manos, luego las presiona contra el barro que da vueltas, empujando el barro más cerca de la cabeza del torno, alisando los lugares disparejos, presionando los bordes irregulares. El alfarero usa sólo la presión necesaria para centrar todas las partes del barro. Si el barro está tieso o tiene un bulto grande, puede tomar mucha presión para que el barro obedezca.

Asombrosamente, también puede tomar bastante tiempo. Y cuando uno mira a un alfarero trabajar en esta etapa, pareciera como que nada está pasando. Sé que el barro no puede hablar, pero con frecuencia he pensado que, si pudiera, definitivamente expresaría impaciencia en este punto del proceso. "¿Todavía no hemos terminado? ¿Podemos continuar? ¿No está listo ya? ¿Podemos hacer algo diferente ahora? ¿No hemos pasado ya demasiado tiempo en esto? ¿Acaso no hiciste eso hace un minuto? ¿Estás seguro de que no nos estamos extendiendo?"

El centrado necesita tiempo. Pero es absolutamente crítico que cada aspecto del barro esté alineado. Un pequeño tambaleo ahora puede ser desastroso más tarde. No va a afectar la forma de las cosas en el momento, pero causará un desajuste en la vasija si no es alineado en este momento. Todo el barro debe estar centrado. Como una máquina sin partes superfluas. Como un corredor sin movimientos innecesarios. Como una gimnasta perfectamente controlada hasta las puntas de los dedos de sus manos y pies.

La idea de estar centrada es fuerte para mí, pues mi vida es muy ocupada, y confieso que a menos que sea muy, muy cuidadosa, corro desorientada hacia todos lados. Todavía no domino lo que significa vivir en el centro absoluto, en el Gran Shalom, en la paz de Dios. La palabra hebrea Shalom es una palabra poderosa que significa tranquilidad absoluta. Significa hacer las cosas con facilidad natural, no con fuerza frenética o lucha temerosa. Quiere decir responder a los desafíos de la vida con un sentimiento de creatividad, optimismo y resiliencia. Es un sentimiento en cuerpo y alma de bienestar, seguridad, harmonía, salud vibrante. Estar tranquilo por dentro y por fuera. Shalom. Alineado.

Mientras que Shalom incluye todo esto, la raíz de la palabra es integridad, totalidad. Cuando Jesús nos insta a que seamos perfectos, él quiere decir que seamos íntegros, maduros, adultos, viviendo en la llenura de todo lo que Dios pretende para nosotros. Shalom. Completo.

Cuando pienso en el rico significado de la palabra Shalom, siento la tentación de sentirme abrumada otra vez. Todo esto parece ser más de lo que puedo aguantar, y me amenaza con más inquietud y lucha. ¿No es irónico? Recuérdeme el regalo de Shalom, y me siento tentada a escribir "conseguir más Shalom" en mi lista de quehaceres, justo después de "lavar la ropa" y "comprar huevos y leche".

Me ayuda el recordar la poderosa promesa de Filipenses.

> *El que comenzó tan buena obra en ustedes la irá perfeccionando hasta el día de Cristo Jesús.*
> **FILIPENSES 1:6**

Dios la comenzó. Dios la completará. No es para que aparezca en mi lista de quehaceres diarios. Ya está en la suya. Shalom es la fruta apacible de la iniciativa de Dios. La labor de Dios, la fidelidad de Dios, y no la mía. La tambaleante, dispareja, deforme masa de barro descansa bajo la habilidad de las manos del alfarero, y como resultado se pone lisa, solida y centrada. Y así es con mi alma.

PREGUNTAS PARA REFLEXIÓN Y CONVERSACIÓN:

Reflexione en su agenda de esta semana. ¿Estuvo caracterizada por gozo y paz, tranquilidad y fuerza? ¿O fue estropeada por lucha temerosa? ¿Pudo usted encontrar momentos de Shalom pese al tira y encoge de las circunstancias de la vida?

Ahora sea específico: ¿Qué cambios debe realizar en su vida para que el Gran Shalom, la paz de Dios, sea una parte cada vez mayor de su vida diaria?

ORACIÓN:

Señor, Dios, no quiero estar en el vaivén de las chirriantes demandas de mis circunstancias. Quiero descansar bajo tu mano, quieto, contento, fuerte y centrado. En vez de tratar más duro de arreglar todo esto, escojo aminorar el paso, respirar profundo, abrir las manos y soltarme. Amén.

ABRIENDO 06

*El alfarero hace presión en
el centro y abre el barro.*

Desde el punto de vista del alfarero, este próximo paso es el más bello de todo el proceso. El barro ha sido buscado con ilusión y hallado con alegría. Ha sido limpiado y preparado, pegado al torno. Está perfectamente centrado. Se ve y se siente bien. Liso. Redondo. Bello.

Sólo hay un problema con esta preciosa masa de barro. Escuché a Jon Mourglia decirlo bien en una demostración de cerámica que hizo hace algunos años. Dijo, "¡Este trozo de barro está orgulloso, lleno de sí mismo!" Y tiene razón. Es sólido por todos lados. No hay un hueco que convierta el trozo en un tazón, vaso, o jarrón. No hay un hueco dentro del cual pueda poner mi cereal, servirme un café, arreglar mis narcisos. El trozo es bello y está centrado, pero en este punto del proceso, hay demasiados obstáculos y no me sirve para nada.

Para transformar ese barro en algo que pueda usar, tengo que abrirle un agujero en medio. Reposo mi mano izquierda ligeramente en el exterior del barro; uso mi mano derecha para presionar encima del barro. Presionando hacia abajo y replegando, retiro el barro a un lado y abro un espacio vacío.

Espacios vacíos. ¡Cuán cuidadosamente organizamos nuestras vidas para asegurarnos de evitar los espacios vacíos! Noches de viernes no programadas. Largas tardes de domingo. Paseos silenciosos en automóvil. Salas calladas. Espacios de oficina calmados.

Apenas lo soportamos. Prendemos la televisión, le subimos el volumen al radio, saturamos nuestras agendas. Abarrotamos nuestros clósets, nuestros escritorios, nuestros calendarios. Porque, para decir verdad, detestamos los espacios vacíos. Los llenamos tan pronto como sea posible con lo que sea que podamos conseguir.

A veces los llenamos de pecado. Anestesiamos nuestras emociones agitadas con alcohol, píldoras, drogas, gratificaciones sensoriales.

O a veces nos excedemos un poco para calmarnos—compras recreativas, postres de más, revistas chatarra, hora tras hora de videojuegos o deportes por la radio.

O en vez de pecado o exceso, a veces sólo mantenemos nuestras vidas bulliciosas y atestadas, colmadas hasta el desborde. Con buenas cosas: proyectos de servicio, oportunidades de ministerio, libros sanos, visitas a amigos.

El problema es que no somos muy útiles cuando nos llenamos de nosotros mismos. Dios puede llenarnos y usarnos sólo cuando despejamos el camino, dejamos algún espacio, y cultivamos un espacio abierto, vacío.

¿Cómo creamos un espacio vacío? Puesto que el vacío y la quietud pueden ser aterradores, podríamos comenzar de a poco, con pasos de bebé. Apague la radio de su automóvil en el camino al trabajo, y use ese tiempo para reflexionar y orar. Resista la tentación de mantener la televisión encendida como "ruido ambiental" y ponga en cambio música instrumental. Dé un paseo a pie (sin el teléfono, sin música) y observe con quietud la belleza de todo lo que lo rodea.

Ore. Alabe. Mire. Escuche. Dios puede hablarnos de muchas maneras. En el libro de Job, capítulos 38 y 40, leemos que Dios le contestó a Job desde un torbellino. Y sí puede hacerlo. Pero con más frecuencia, parece que tenemos que hacer más espacio en nuestras agendas, nuestros hogares y nuestros corazones para que podamos oír su voz (Salmos 116:1), reconocer su voz (Jueces 18), escuchar atentamente su voz (Éxodo 23:21), y obedecer su voz (Éxodo 19:5).

Con mayor frecuencia, parece que no somos tanto como Job que como el profeta Elías, escrito en 1 Reyes. Dios le dice a Elías:

> *Sal y preséntate ante mí en la montaña, porque estoy a punto de pasar por allí.*
> **1 REYES 19:11**

Como él conoce al Señor y ama al Señor, Elías responde rápidamente.

> *Como heraldo del SEÑOR vino un viento recio, tan violento que partió las montañas e hizo añicos las rocas; pero el SEÑOR no estaba en el viento. Después del viento hubo un terremoto, pero el SEÑOR tampoco estaba en el terremoto. Tras el terremoto vino un fuego, pero el SEÑOR tampoco estaba en el fuego. Y después del fuego vino un suave murmullo. Cuando Elías lo oyó, se cubrió el rostro el manto y, saliendo, se puso a la entrada de la cueva.*
> **1 REYES 19:11-13**

Y allí se encontró con Dios.

Nuestras vidas cotidianas son con frecuencia sacudidas por el viento, tocadas por el fuego, estremecidas desde el suelo. No es fácil luchar pese a todo, avanzando al lugar callado donde podamos escuchar el susurro apacible de Dios. Hay disciplinas que nos ayudan a crecer de esta forma; de hecho, la mayoría de las disciplinas antiguas de la iglesia están diseñadas para hacer espacio en nuestras vidas y nuestras almas para que Dios derrame más de sí mismo. Permítame mencionar sólo cuatro disciplinas que he encontrado útiles en particular:

EL RECOGIMIENTO

El recogimiento es tomar tiempo específico para estar a solas, lejos de otras personas y de las voces de los compañeros de trabajo, miembros de la familia, televisores, radios, cintas, discos compactos, correos electrónicos, libros y artículos. Se trata de retirarse a propósito para estar solo, quizás una mañana en el parque, un viaje de un día a las montañas, un fin de semana en un monasterio o cabaña u hotel. Puede ser la muy sencilla disciplina de un paseo matutino tres días por semana, o un hábito nocturno de sentarse en una mecedora con los ojos cerrados y el corazón abierto.

EL SILENCIO

Cuando busco recogimiento, me doy un descanso de otras voces. Pero cuando busco el silencio, me doy un descanso de mi propia voz. Una parte de esto es sólo dejar de hablar. Busco ocasiones cuando puedo pasar alguna parte del día deliberadamente sin hablar, ni siquiera llamadas por teléfono o saludos a los vecinos. Otro aspecto de esto es tomar conciencia del parloteo en mi cabeza—las justificaciones, la programación de la agenda, las conversaciones hipotéticas con otra gente, los reclamos y quejas hacia mí misma. Cuando practico la disciplina del silencio, intencionadamente me callo.

EL AYUNO

Ayunar es dejar la comida por un tiempo. Me recuerda cuan necesitada y dependiente soy en realidad. He luchado con el ayuno como disciplina por un largo tiempo porque no comprendo realmente por qué es tan poderoso, por qué es considerado con frecuencia como una dimensión necesaria de la oración efectiva. Para mí, gran parte del poder del ayuno es sencillamente esto: me obliga a prestarles atención a mis sentimientos de vacío. Y cuando yo los acepto y los experimento por completo, soy más capaz de dárselos a Dios en vez de guardármelos dentro, ignorarlos, ocultarlos, o encontrar alguna manera de auto-medicarme contra ellos. Y cuando hago acopio de valor para admitir el dolor y el miedo al vacío, se convierte en un medio para la sanidad profunda.

EL DESPRENDIMIENTO

Una de las áreas de mi vida con la que lucho constantemente es el materialismo. Me gustan las compras recreativas, lo que algunos llaman "terapia de consumo". Me gusta adquirir cosas nuevas y entretenerme con las cosas que tengo. Es fácil que mi enfoque cambie de los asuntos celestiales a las posesiones terrenas. Como antídoto, periódicamente reviso mis pertenencias y regalo cosas. Durante los 40 días de la Cuaresma, como parte de mi preparación para la Pascua, obsequio 40 artículos como una disciplina. En preparación para la Navidad, me tomo un día para que mi corazón "le prepare espacio" y recorro la casa con una gran bolsa de basura, juntando cosas que en realidad ya no necesito. Luego las pongo en una caja para donarlas a una entidad benéfica.

Estas cuatro disciplinas—el recogimiento, el silencio, el ayuno y el desprendimiento—son herramientas poderosas. Hay otras, y tal vez usted quiera echarle un vistazo a la lista de lecturas recomendadas al final de este libro para sugerencias sobre qué leer para aprender más de ellas. En definitiva, cada disciplina sirve el mismo propósito: crear un espacio vacío en el cual Dios pueda derramar esas cosas buenas que ha preparado para nosotros desde antes de la fundación del mundo.

PREGUNTAS PARA REFLEXIÓN Y CONVERSACIÓN:

¿Hasta que punto ha usted llenado su agenda y su corazón como una manera de evitar los sentimientos atemorizantes de estar vacío? ¿Puede identificar cosas en específico que usted necesita quitar del camino para hacerle espacio al susurro de Dios?

Busque en su corazón y luego en su agenda: Puede hacer tiempo específico para el recogimiento, el silencio, el ayuno y/o el desprendimiento en algún momento el próximo mes?

ORACIÓN:

Dios, es verdad—soy mejor para aferrarme a las cosas que para soltarlas. Como resultado, mi vida está tan hacinada que hay poco espacio para las nuevas cosas que tú quieres derramar en mi vida. Para serte honesto, no hay mucho espacio para ti tampoco. No me gusta aceptarlo, pero me parezco tanto al mesonero en Belén que atiborró su casa hasta el desborde, y cuando el Rey de la Gloria vino a visitarlo, no había espacio. Perdona mi auto-complacencia. Sana mis temores. Y enséñame a estar disponible y abierto para ti. Amén.

MOLDEANDO

El alfarero usa presión, por dentro y por fuera de la vasija, para moldear el barro.

Es hora de la parte de lujo. Es lo que hemos estado esperando. Cada paso antes de éste es preparación; cada paso después es la conclusión del trabajo. Es el momento de la verdad.

Al moldear una vasija, el alfarero pone una mano en la parte interior de la vasija, una mano en el exterior, y aprieta el barro en medio, moviéndose del fondo para arriba. El barro es estirado, adelgazado y guiado entre las manos del alfarero.

Usualmente, el alfarero comienza formando el barro en un cilindro y luego trabaja en el cilindro sección por sección para darle forma. El fondo, o pie de la vasija, puede ser ancho o angosto, recto o sesgado. Los lados, o paredes, forman la parte principal de la vasija. El alfarero moldea el hombro, o sección superior, y el cuello, la parte de encima. Finalmente, él o ella tiene que decidirse por un acabado para el borde, el cual se llama el labio.

Cada vasija se forma según la voluntad del alfarero. Un día tal vez haga tarros para café, tazones para cereal, teteras, o tazones para mezclar porque necesito algo útil para mi cocina.

Otro día podría hacer un esbelto jarrón porque necesito algo hermoso para mi sala.

De vez en cuando, las cualidades del cuerpo de un barro particular sugieren su propio propósito: una delicada porcelana llega a convertirse en una traslúcida taza de té. Un robusto barro rojo llega a ser un macizo florero cincelado. Un barro oscuro achocolatado es perfecto para un farol, perforado para que la luz de la vela resplandezca.

Ya sea que esté creando una vasija porque es necesaria para cumplir una función en mi casa, o una necesidad estética en alguna parte de mi mundo, o una necesidad de expresar el gozo de la creatividad, o una necesidad de responder con sensibilidad a mis materiales, hago cada vasija como lo considero más adecuado.

Y al trabajar, el buen barro no pelea. Isaías 45:9 dice:

> *¡Ay del que pleitea con su Hacedor! …¡Dirá el barro al que lo labra: 'Qué haces?'*
> **ISAÍAS 45:9**

¿Hacemos eso? Cuando Dios toma decisiones y emite directivas, ¿Nos plantamos tercamente y decimos, "¡Oye! ¡Espera un minuto! ¿Exactamente qué piensas que estás haciendo?"

¿Quieres que haga qué? Ah, Señor, tú no quieres decir eso. ¿No te acuerdas de lo que pasó la última vez que lo intenté? Vamos, en serio….

¿Quieres que le hable a quién? Sin duda, Señor, no quieres decir eso. ¿No te acuerdas de lo que me hicieron la semana pasada? Después de todo….

¿Quieres que vaya adónde? No, eso no puede ser cierto. ¿Estás seguro de saber de lo que me hablas? Piensa de esta manera….

¿Tú querías eso hecho para cuándo? Si sólo comprendieras, Señor, cuán inconveniente es tu tiempo. Deberías realmente considerar….

He escuchado que uno puede decir "no" o uno puede decir "Señor", pero uno no puede decir "No, Señor" y decirlo en serio. Es una cosa o la otra. Ya sea, Dios es nuestro Señor y le decimos sí a su voluntad, en su tiempo, a su manera, o Él no es Señor, y le decimos no a lo que Él nos pide que hagamos.

A Jonás se le dio una orden muy clara de ir a Nínive y predicar el evangelio (1:2). Él escuchó exactamente lo que Dios le dijo y lo entendió rotundamente. Y corrió en la dirección opuesta.

Ananías, por otro lado, respondió con rectitud. En Hechos 9:10-11, se nos dice que Dios vino a él con una orden muy clara de ir a Damasco y hablar las buenas nuevas:

> *Había en Damasco un discípulo llamado Ananías, a quien el Señor llamó en una visión,*
> *—¡Ananías!*
> *—Aquí estoy, Señor.*
> *—Anda, ve a la casa de Judas, en la calle llamada Derecha, y pregunta por un tal Saulo de Tarso. Está orando, y ha visto en una visión a un hombre llamado Ananías, que entra y pone las manos sobre él para que recobre la vista.*
> **HECHOS 9:10-12**

Casa de Judas. Bien. Calle Derecha. Bien. Poner las manos sobre él. Bien. Devolverle la vista. Suena bien. ¡Eh! Espera un minuto, Señor. ¿Dijiste Saulo de Tarso?

La siguiente escena es una de mis favoritas en toda la escritura. Ananías es uno de mis héroes de la fe – me identifico con él más de lo que me identifico con la mayoría de los otros personajes. Eso es porque la mayoría del tiempo no soy como Jonás, presa de miedo y presto para partir en la dirección contraria. Pero no soy como Samuel, tampoco, quien escucha a Dios y en voz baja responde, "Habla, SEÑOR que tu siervo escucha." O el profeta Isaías, quien escucha a Dios y al instante responde, "Aquí estoy. ¡Envíame a mí!".

En cambio, soy muy parecida a Ananías, que ama a Dios y oye a Dios y luego necesita un poco de tiempo para pensarlo y resolverlo. Hay una diferencia entre pelear con Dios y resolver las cosas. Cuando Dios le dice que vaya y ore por Saulo de Tarso, Ananías cree que tal vez Dios se ha confundido un poco y necesita que se le expliquen algunas cosas:

> *Entonces Ananías respondió:*
> *—Señor, he oído hablar mucho de ese hombre y de todo el mal que ha causado a tus santos en Jerusalén. Y ahora lo tenemos aquí, autorizado por los jefes de los sacerdotes para llevarse presos a todos lo que invocan tu nombre.*
> **HECHOS 9:13-14**

Escucha, Dios, ¿no has seguido las noticias? ¿No leíste el último número del Diario Jerusalén? Este tipo Saulo, es de los malos. ¡Es una tontería lo que me estás pidiendo que haga! ¿Estás seguro de lo que me estás pidiendo?

No creo que Ananías esté negándose. No creo que esté siendo desobediente. Después de todo, el comienza a hablar con la afirmación SEÑOR. Este mandato simplemente no tiene ningún sentido para él, así que quiere aclarar las cosas, quiere estar seguro. María hace lo mismo cuando el ángel le anuncia que será la madre del mesías: Estoy disponible, dice ella, pero realmente no lo comprendo. Por favor, ¿me puede usted explicar cómo va a funcionar esto?

Dios contesta las preguntas honestas y honra a los que lo buscan respondiendo sus inquietudes.

> —¡Ve! —insistió el Señor—, porque ese hombre es mi instrumento escogido para dar a conocer mi nombre tanto a las naciones y a sus reyes como al pueblo de Israel. Luego Dios añade, `Yo le mostraré cuánto tendrá que padecer por mi nombre.
> **HECHOS 9:15-16**

Así que Ananías fue.

No siempre sabemos por qué Dios forma a una persona de una manera, y a otra de otra. ¿Por qué una vida da un giro en una dirección imprevista, por qué un plan sale mal, por qué un sueño se estropea, por qué una meta se frustra? Creo que a Dios le gusta tomarse el tiempo para hablarnos de esas cosas que turban nuestros corazones. Pero esta es la situación: Él sigue siendo Señor. Él gentilmente se toma el tiempo para hacernos entrar en razón. Él puede explicar las cosas con gran claridad y propósito. O puede tenazmente permanecer callado en el asunto. De cualquier manera, en uno u otro punto dirá: "¡Ve!" Y eso es exactamente lo que debemos hacer.

PREGUNTAS PARA REFLEXIÓN Y CONVERSACIÓN:

Piense en la configuración de su pasado. ¿Hay un giro imprevisto de acontecimientos que no tenían sentido en ese entonces, pero que ahora representan una indicación clara de la buena y perfecta voluntad de Dios? Comparta esa historia con alguien esta semana. Les será de ánimo a ellos y a usted.

Piense en la configuración de su futuro. En su corazón, ¿tiene claro el decirle un "¡Sí!" incondicional a Jesús, el Señor? Si detecta una cierta resistencia, pídale a Dios que lo ayude a identificarla, comprenderla y superarla.

ORACIÓN:

Señor, perdóname por todas las veces que he debatido, explicado, excusado y peleado el proceso de moldeado en mi vida. Realmente quiero que la forma de mi vida refleje tu buena y perfecta voluntad. Realmente quiero que la forma de mi alma refleje el carácter y naturaleza de Jesús.

A veces no soy muy bueno para decir sí, Señor. Pero quiero mejorar. Así que déjame hacer esta afirmación ahora. Si quieres convertir mi vida en algo que sea útil para tu reino, tómame. He dicho no, quizás, más tarde, veremos. Hoy digo, "Sí, Señor."

Y mañana cuando despierte, derrama sobre mí una nueva porción de gracia para que tenga todo lo que necesito para decir sí, Señor, otra vez.

Gracias por amarme lo suficiente como para labrarme y formarme y moldearme y trabajar en mi vida, día tras día tras día. Amén.

RESTAURANDO

*Si la vasija de barro se debilita, tambalea
y se derrumba, Dios no se desalienta.*

Los profetas del Antiguo Testamento realmente la pasaban mal.

¿Qué del pobre Ezequiel? Tiene que hacer un dibujo de Jerusalén y luego acostarse sobre su lado por 390 días. Y luego hornear pan de trigo, cebada, habas, lentejas, millo y avena, y cocinarlo sobre excremento.

¿Qué del pobre Ahías? Compra un manto nuevo y luego Dios le dice que lo rasgue en doce pedazos y empiece a repartirlos (1 Reyes 11:29-39).

¿Qué del pobre Jeremías? Entierra su nuevo cinturón de lino (Jeremías 13). Es echado en una cisterna (Jeremías 38). Tiene una visión de higos podridos (Jeremías 24).

Constantemente Dios usa imágenes vívidas para enseñar a su pueblo lecciones espirituales. Así que Dios le habla al profeta Jeremías sobre los alfareros y el barro. Dios le dice que vaya a la casa del alfarero,

> *Y allí te comunicaré mi mensaje.*
> **JEREMÍAS 18:2**

Jeremías obedece. Mira al alfarero trabajando en el torno, y como hemos visto, hay muchas cosas sobre esta experiencia que son vívidas, poderosas, relevantes, impactantes.

Pero esta vez, cuando Jeremías mira al alfarero y el barro, algo terriblemente malo sucede:

> *Pero la vasija que estaba modelando se le deshizo en las manos.*
> **JEREMÍAS 18:4**

¿Qué falló? ¿Qué causaría que una vasija "se deshiciera" en las manos del alfarero? Podría ser que unas de esas impurezas, uno de esos bultos o burbujas, llegó a la superficie y sacó las cosas de su lugar.

Podría ser que uno de esos bamboleos, tan diminutos en la etapa del centrado, creciera y creciera hasta que todo empezara a inclinarse y luego derrumbarse.

Asumamos que el barro estaba limpio, que el centrado fue hecho correctamente, y que el alfarero era hábil y cuidadoso a la vez. Aun con todos esos elementos a su favor, la vasija podría aun así ser dañada.

Hay muchas cosas que pueden causarlo, pero una de las causas más comunes de daño en este punto se denomina fatiga del barro. Sí, fatiga. Si se tira y estira el barro demasiado, el agua se filtra entre los platos planos que constituyen el barro, y el agua debilita la estructura. Tirones excesivos, demasiado tiempo, demasiada humedad, y el agua debilitará el barro tanto que la vasija simplemente se vendrá abajo. Fatiga del barro.

¿Alguna vez sintió usted que le dieron un tirón de más, y simplemente se vino abajo?

¿Alguna vez ha tenido uno de esos días?

Aquí viene la buena noticia. Si la vasija se estropea en este punto del proceso, es bastante fácil para el alfarero corregir las cosas.

El barro está todavía húmedo, suave, resistente. El alfarero lo recoge, lo hace una bola, y camina hacia la mesa del amasado. Trabajando con él de una forma parecida a la del panadero que trabaja con la masa, el alfarero amasa el barro, presionándolo y dándole vuelta, eliminando las burbujas de aire, suavizando las partes secas, infundiéndole fuerza e integridad al trozo de barro entero. Una vez que el barro ha sido amasado por completo, el alfarero vuelve al torno, lo pega con firmeza a la cabeza del torno, pone el torno a girar, y simplemente comienza de nuevo.

Cuando la vasija se viene abajo, pareciera un desastre. Pero el alfarero nunca se desalienta. Siempre hay algo que puede hacer.

PREGUNTAS PARA REFLEXIÓN Y CONVERSACIÓN:

La fatiga es una realidad de la vida para la mayoría de nosotros. Considere si hay alguna necesidad en su vida en este momento, de realizar cambios que le brinden un descanso y eviten la destrucción de la mente y el cuerpo que viene de la acumulación de la fatiga. Luego considere: ¿Hay alguien que usted conozca que esté enfrentando serios desafíos en el tira y estira de la vida? ¿Hay algo que usted (o su pequeño grupo) pueda hacer esta semana para reducirle el estrés y ayudarlo a llevar la carga?

Piense en una ocasión en la que usted afrontó un duro revés—cuando las cosas no salieron bien, cuando el proceso se interrumpió debido a un fracaso inesperado. ¿Tiene usted un testimonio de la manera en que Dios puede entrar en una situación, y comenzar de nuevo?

ORACIÓN:

Identifique una situación particular que parece irremediable.

Luego ore:

Señor, no puedo imaginar como se podría arreglar esta situación. Dame la fuerza para recoger este desastre, suave y empapado, ponerlo en tus manos, y confiar en que tú lo corregirás. Amén.

PERSISTIENDO

09

*Se saca la vasija del torno
y se pone a secar.*

Al terminar de moldear la vasija, se usan varias herramientas. Se podría usar una esponja para alisar la superficie y acabar el borde superior o el labio. Una herramienta en forma de aguja podría ser utilizada para recortar la parte superior o darle forma a la parte inferior, donde se podría haber acumulado barro extra entre la vasija y la cabeza del torno. Una pieza pequeña y plana de madera, plástico o metal, llamada costilla, podría ser usada para darle la forma final al cuello, hombro o cuerpo de la vasija.

Una vez que el proceso de moldeado se completa, el alfarero quita la vasija del torno. Una pieza delgada de alambre se mantiene tensa entre los dedos del alfarero, y se desliza entre la parte inferior de la vasija y la superficie de la cabeza del torno. Se alza la vasija del torno, se pone en un tablero plano, y se coloca en un estante para que se seque.

No sé lo que las vasijas están pensando, pero a veces imagino que esta es una etapa aterradora en la vida de la vasija. Después de aguantar tanta presión y experimentar tan minuciosa, cuidadosa atención del alfarero, ahora de repente la vasija es cortada, separada del torno, puesta a un lado y abandonada. La presión y los tirones son incómodos, pero ¿qué es este repentino aislamiento, repentina quietud, repentina soledad? ¿He sido abandonada? ¿He sido rechazada? ¿Hice algo malo? ¿Es este el fin de mi historia?

Es como los cuarenta días que Jesús pasó en el desierto al comienzo de su ministerio. Cuando recordamos esta historia, realmente no pensamos del todo en los cuarenta días. En nuestras mentes, tenemos la tendencia a ir de inmediato al día cuarenta y uno. Satanás aparece y le presenta al Señor tres tentaciones. Jesús vence cada una citando la escritura. ¡No solo de pan vive el hombre! ¡Adora al Señor tu Dios y sírvele solamente a él! ¡No pongas a prueba al Señor tu Dios! (Lucas 4: 1-13). Es dramático. Cristo es vencedor. Y es el evento climático que lo lanza al ministerio público.

¿Pero qué acerca de los largos cuarenta días? Cuarenta días. Eso es más de un mes sin comida, sin amigos. ¿Qué estaba sucediendo en este tiempo en el desierto? ¿No parecerían las horas terriblemente largas? ¿No sería el ritmo horrorosamente lento? ¿No fueron probadas su paciencia y perseverancia día a día, mucho antes de que el diablo entrara en escena? Y de alguna manera, ¿no habrían sido esos días de prueba igual de difíciles porque nada parecía suceder?

Lo que cuesta recordar y es importante comprender es que los tiempos de espera no son accidentales. El reloj de Dios no está averiado, su tiempo no está atrasado, su propósito no está perdido, su trabajo no está abandonado, su promesa no está olvidada. Los grandes santos han siempre enfrentado tiempos cuando dudaron y esperaron. Abraham y Sara sentados sin hijos en su carpa. José languideciendo en la prisión del faraón. Moisés pastoreando ovejas en el desierto por más de cuarenta años. Ruth recogiendo espigas en los campos día tras día tras día. Nehemías preocupándose por el estado de los muros de Jerusalén. Esperando. Sin que pasara mucho. La esperanza ardió una vez grande y brillante, ¿pero ahora? Ahora todo es cenizas y duda.

Pero Dios no se ha olvidado.

El Señor no tarda en cumplir su promesa, según entienden algunos la tardanza.
2 PEDRO 3:9

El ejemplo del barro deja esto en claro. El alfarero no se ha olvidado de la vasija. La vasija ha sido puesta a un lado a propósito, para que un trabajo en particular sea cumplido en ella. A través de quedarse y esperar.

El tiempo de la espera es absolutamente necesario. La vasija debe secarse por completo, de arriba para abajo, de pies a cabeza. Si hay algo de humedad oculta en la pared de la vasija, habrá un problema cuando la vasija sea horneada. Esto es porque el agua se calienta más rápido que el barro. Cuando el horno se pone más caliente, el agua se convierte en vapor y explota del lado de la vasija. La vasija se romperá y todo este trabajo cuidadoso no servirá de nada.

Así que se deja la vasija y se espera hasta que esté completamente seca, de pies a cabeza. Hasta que llega a un estado conocido como seca hasta el hueso.

Esperando. Sentada. En silencio. Sin ser tocada. Inadvertida. Hasta que el trabajo esté completamente terminado. Esto, también, es una parte necesaria del proceso.

PREGUNTAS PARA REFLEXIÓN Y CONVERSACIÓN:

¿Ha habido un tiempo en su vida cuando un proyecto se arruinó o se puso en riesgo debido a que usted se impacientó y se salteó algunos pasos en el camino? Pídale a Dios que lo perdone, y luego pídale que le muestre lo que usted podría aprender de la experiencia.

¿Hay algún proyecto o evento o asunto en particular en su vida ahora mismo que parezca estar en suspenso? Encuentre a alguien con quien orar esta semana y busque la dirección de Dios al respecto. Con la ayuda de un amigo de confianza, busque discernir si ahora es el tiempo para que las cosas cambien, o si este es un tiempo de espera. Pacientemente. Hasta el tiempo de la plenitud. Hasta que esta etapa del proceso sea en verdad completada.

ORACIÓN:

Dios, estoy inquieto. No me gusta sentarme y esperar. Realmente no confío en los tiempos de secado cuando nada parece estar ocurriendo. Ayúdame a crecer en confianza y paciencia para que pueda comprender lo que John Milton quiso decir cuando escribió, "Sirven también aquellos que se quedan y esperan." Amén.

RENOVANDO

10

*Si la vasija seca hasta el hueso está
astillada, agrietada, o fue dejada caer,
Dios no se desalienta.*

Durante este tiempo de secado, la vasija está sumamente vulnerable: aun el manejo con cuidado puede causarle astillas, fracturas y grietas. Esta lección realmente cobró vida para mí cuando preparábamos las fotografías para este libro. Mi fotógrafo trabajó conmigo a través de todas las etapas de la alfarería. Recorrió el estudio de cerámica. Me vio seleccionar y preparar el barro. Tomó fotos mientras yo pegaba, centraba, abría, y jalaba varias vasijas. Y manipuló y tomó fotografías de vasijas en muchos estados y tamaños, vasijas que yo hice, y vasijas hechas por otros.

En particular, él tomó varias fotografías de un florero grande y bello, hecho por Susan Ney. El florero estaba seco hasta el hueso.

Solo había un problema: él no sabía que estaba seco hasta el hueso. Pensó que ya había sido horneado. Cuando terminamos la sesión de fotografía y empezamos a limpiar, él cogió este bello florero por un lado del labio y giró para ponerlo otra vez en su estante dentro del estudio.

El florero se le desmoronó en la mano. Pasé justo después de que sucedió – tenía los ojos bien abiertos y los pedazos rotos cubrían el suelo alrededor de sus pies.

"Yo… no entiendo. Fui tan cuidadoso…" él empezó. Y eso es cierto. Lo había sido.

Pero ese florero estaba seco hasta el hueso. Aun el manejo más cuidadoso en este punto puede causar que todo se desmorone.

Estas son las buenas nuevas. Si la vasija se daña en este punto del proceso, es bastante fácil que el alfarero corrija la situación.

Si la rotura es pequeña, la vasija puede ser reparada. Un labio astillado puede ser alisado. Una oreja golpeada puede ser fijada de nuevo.

Si el daño es mayor, el proceso toma un poco más de tiempo. Las piezas secas son remojadas (recuerde que el agua es una imagen del Espíritu Santo). El barro se disuelve y vuelve a su estado suave y resistente. El alfarero lo recoge, lo amasa, lo fija de nuevo en la cabeza del torno, y empieza de nuevo el proceso de moldeado.

Un buen alfarero puede tomar ese mismo barro y hacer esa misma vasija otra vez.

Un muy buen alfarero puede tomar ese mismo barro y hacer algo aun mejor.

¿Mejor? Mejor. Dios puede recoger las piezas rotas de nuestras vidas, nuestros ministerios, nuestros corazones, nuestras esperanzas, nuestros sueños. Él puede saturarlos en el poder del Espíritu Santo para que ya no estén tensos, apretados, frágiles y quebradizos. Esas piezas se ponen suaves, resistentes y maleables, tal como eran antes. Y Dios, el Alfarero Maestro, puede hacer esa misma vasija otra vez. O quizás, tal vez quizás, Él puede hacer algo aun mejor.

Cuando comprendemos el principio, vemos que las vasijas secas se ponen como huesos secos, sólo esperando una nueva vida. Es como otra imagen poderosa, una que Dios le dio al profeta Ezequiel:

> *La mano del SEÑOR vino sobre mí, y su Espíritu me llevó y me colocó en medio de un valle que estaba lleno de huesos. Me hizo pasearme entre ellos, y pude observar que había muchísimos huesos en el valle, huesos que*

estaban completamente secos.

Y me dijo: "Hijo de hombre, ¿podrán revivir estos huesos?"

Y yo le contesté: "SEÑOR omnipotente, tú lo sabes".

Entonces me dijo: "Profetiza sobre estos huesos, y diles: "¡Huesos secos, escuchen la palabra del SEÑOR! Así dice el SEÑOR omnipotente a estos huesos: "Yo les daré aliento de vida, y ustedes volverán a vivir. Les pondré tendones, haré que les salga carne, y los cubriré de piel; les daré aliento de vida, y así revivirán. Entonces sabrán que yo soy el SEÑOR"".

Tal y como el SEÑOR me lo había mandado, profeticé. Y mientras profetizaba, se escuchó un ruido que sacudió la tierra, y los huesos comenzaron a unirse entre sí. Yo me fijé, y vi que en ellos aparecían tendones, y les salía carne y se recubrían de piel, ¡pero no tenían vida!

Entonces el SEÑOR me dijo: "Profetiza hijo de hombre; conjura al aliento de vida y dile: "Esto ordena el SEÑOR omnipotente: 'Ven de los cuatro vientos, y dales vida a estos huesos muertos para que revivan.'"

Yo profeticé, tal como el SEÑOR me lo había ordenado, y el aliento de vida entró en ellos.

EZEQUIEL 37:1-10

Nueva vida para viejos huesos secos. Es una de las más poderosas imágenes en la Biblia. Es una de las más bellas promesas de Dios. Está disponible para usted.

PREGUNTAS PARA REFLEXIÓN Y CONVERSACIÓN:

¿Tiene usted piezas rotas de alguna situación, algún sueño de vida, alguna relación, algún regalo o habilidad que parece irreparablemente averiado? Dele las piezas a Dios en oración—y vea lo que Él hará.

Después de que mi fotógrafo rompió la vasija, fue a ver a la alfarera y se disculpó de inmediato ofreciéndole resarcimiento. Ella respondió con gentileza, con fuertes palabras de perdón y aliento. ¿Hay algo que usted haya roto, pero que todavía no ha rectificado—una promesa, un compromiso, quizás una posesión? Aun cuando seamos cuidadosos, nuestras palabras y acciones pueden ser destructivas, y necesitamos hacer todo lo posible por rectificar. ¿Hay algo que usted necesita hacer esta semana para reparar algo?

ORACIÓN:

Para este tiempo de oración, permítame hacer esta oración por usted:

Soberano Dios, en la vida y corazón de este amado, hay muchos huesos y están muy secos. Hay desilusiones y heridas de todo tipo. Hay sueños que han muerto. Hay personas que han sido perdidas. Hay relaciones rotas. Hay esperanzas truncadas. Hay anhelos que permanecen insatisfechos.

Oh Dios, deja que estos huesos vivan. Restaura, revive, refresca. Sopla en ellos, Aliento de Vida. Hazlos nuevos. Amén.

TRANSFORMANDO

*La vasija es alzada, puesta
en el horno y horneada.*

El tiempo de la espera y el secado de la vasija debe ser tedioso y cansado, al menos al principio. Pero al cabo de un rato, me pregunto si esa vasija no se calma y se pone cómoda. Todo está tranquilo y quieto, después de todo. El alfarero parece haberse ido a algún lugar y dejó la vasija a su propia suerte. Así que tal vez la vasija piense que, puesto que la dejaron sola, le sacará el mejor provecho.

El dueño del viñedo se va, y los arrendatarios se quedan para cuidar la propiedad (Marcos 12).

El amo se va de viaje, y a los trabajadores se les encarga el uso cuidadoso de sus talentos (Mateo 25).

El novio se retrasa y las vírgenes que esperan deben mantener sus lámparas dispuestas y brillantes (Mateo 25).

Pero después de un tiempo, los arrendatarios se ponen egoístas, los trabajadores se vuelven perezosos, a las jóvenes les da sueño. Lucas nos advierte que es sabio guardar la vigilia, permanecer listos.

> *Dichosos los siervos a quienes su señor encuentre pendientes de su llegada.*
> **LUCAS 12:37**

Esperar pacientemente es una cosa. Esperar con ilusión, alerta y preparado, es aun mejor. Porque de repente, sin aviso, se llega el tiempo.

El alfarero recoge la vasija del estante y la apila en un horno. El horno puede ser grande o pequeño. Puede ser de gas, electricidad, o leña. No importa su tamaño o clase, el propósito del horno es calentar la vasija a alrededor de quinientos cuarenta grados centígrados. El proceso de cocción calienta el barro a tan alta temperatura que se produce un cambio permanente. El barro se pone muy duro a través de un proceso denominado inversión de cuarzo: la sílice en el barro cambia de volumen debido al calor extremo. Después de que es cocida, la vasija es más pequeña, ligera, y mucho, mucho más fuerte. El barro cocido es permanente: ya no se disolverá en el agua.

Es interesante para mí que las vasijas se moldean individualmente, pero pasan a través del fuego juntas. Después de secarse, las vasijas son amontonadas, apiladas una encima de la otra, anidadas una dentro de la otra. De manera similar, con frecuencia Dios nos da acompañantes en las pruebas de fuego de la vida, compañeros que pueden orar por nosotros, hablarnos, estar a nuestro lado.

Ese fue el caso de Sadrac, Mesac y Abednego. Leemos en el tercer capítulo de Daniel que Nabucodonosor se encendió en ira contra Sadrac, Mesac y Abednego porque rehusaron inclinarse ante la estatua que había hecho. Entonces el rey tomó medidas:

> *Mandó entonces que se calentara el horno siete veces más de lo normal,*
> *y que algunos de los soldados más fuertes de su ejército ataran a los tres*
> *jóvenes y los arrojaran al horno en llamas.*
> **DANIEL 3:19-20**

Hemos visto los tiempos difíciles en el proceso de hacer una vasija. La vasija es limpiada, amasada, estirada y secada. Ahora viene la peor parte: la vasija es arrojada al horno en llamas. Caliente. Muy caliente. Increíblemente caliente.

> *Tan inmediata fue la orden del rey, y tan caliente estaba el horno, que las llamas alcanzaron y mataron a los soldados que arrojaron a Sadrac, Mesac y Abednego, los cuales, atados de pies y manos, cayeron dentro del horno en llamas.*
> **DANIEL 3:22-23**

El fuego es caliente y el fuego es peligroso. Puede causar mucho daño. Pero, aunque nuestros enemigos, y el Enemigo de nuestras Almas, prenda el fuego para un gran daño, nuestro Dios es capaz de usarlo para causar un gran beneficio.

El que es probado sale como oro puro (Job 23:10).

El que es podado da mucho fruto (Juan 15: 2).

La vasija que es calentada se hace fuerte y útil.

Piense en esto. Si pongo café caliente o leche fría o agua helada en una vasija de barro sin hornear, se disolverá toda en un gran montón de pasta. No ha sido examinada, no ha sido probada. No ha sido fortalecida por el fuego. Así que, aunque se vea muy atractiva, realmente no puede ser usada. No es buena para nada. No hasta que sea transformada por el fuego.

El proceso no es fácil y tampoco cómodo. Pero una cosa con la que usted puede contar es que Cristo se encontrará con nosotros en medio de todo. Piense otra vez en Sadrac, Mesac y Abednego:

Entonces el rey Nabucodonosor se espantó, y se levantó apresuradamente y dijo a los de su consejo:

> *"¿No echaron a tres varones atados dentro del fuego?"*
> *Ellos respondieron al rey: "Es verdad, oh rey".*
> *Y él dijo: "He aquí yo veo cuatro varones sueltos, que se pasean en medio del fuego sin sufrir ningún daño; y el aspecto del cuarto es semejante a hijo de los dioses".*
> *Entonces Nabucodonosor se acercó a la puerta del horno de fuego ardiendo, y dijo: "Sadrac, Mesac y Abednego, siervos del Dios Altísimo, salid y venid". Entonces Sadrac, Mesac y Abednego salieron de en medio del juego. Y se juntaron los sátrapas, los gobernadores, los capitanes y los consejeros del rey, para mirar a estos varones, cómo el fuego no había tenido poder alguno sobre sus cuerpos, ni aun el cabello de sus cabezas se había quemado: sus ropas estaban intactas, y ni siquiera olor de fuego tenían.*
> *Entonces Nabucodonosor dijo: "Bendito sea el Dios de ellos, de Sadrac, Mesac y Abednego, que envió su ángel y libró a sus siervos que confiaron en*

él, y que no cumplieron el edicto del rey, y entregaron sus cuerpos antes que servir y adorar a otro dios que su Dios".
DANIEL 3:24-28

¡Bendito sea el Dios de Sadrac, Mesac y Abednego! Nabucodonosor lo vio claramente: "¡No hay otro dios que pueda salvar de esta manera!" (3: 29b). El fuego es caliente y la prueba es dura. Pero al final, Dios es glorificado y el pueblo de Dios es fortalecido.

¿Cómo debemos responder cuando vienen las pruebas de fuego? No mucho me gusta la respuesta. Pero aquí está, directamente del libro de Santiago:

Hermanos míos, considérense muy dichosos cuando tengan que enfrentarse con diversas pruebas, pues ya saben que la prueba de su fe produce constancia. Y la constancia debe llevar a feliz término la obra, para que sean perfectos e íntegros, sin que les falte nada.
SANTIAGO 1:2-4

PREGUNTAS PARA REFLEXIÓN Y CONVERSACIÓN:

¿Qué significa para usted estar preparado, alerta, listo para el regreso del amo y preparado para cualquier prueba que venga? ¿De qué manera refleja su vida esta disposición? ¿De qué manera podría usted ajustar su vida para mejor reflejar esta conciencia?

Agradézcale a Dios por aquellos que han estado junto a usted durante las pruebas de fuego. Luego deles gracias: tome tiempo esta semana para escribir una nota o hacer una llamada a alguien para agradecerle que haya estado a su lado durante los tiempos difíciles.

ORACIÓN:

Querido Dios. ¿Considerar mis pruebas sumo gozo? Mmmm. Todavía no he llegado a ese punto. Pero estoy aprendiendo, Señor, a aceptar los buenos tiempos y los malos tiempos como regalos de tu mano. Estoy aprendiendo a preguntar, ¿Qué me está diciendo Dios en medio de esta circunstancia? Y empiezo a ver que estas cosas suceden por una razón, que ellas pueden ayudar a cumplir cosas importantes en mi vida, y no importa cuán caliente se ponga el fuego, es en serio cuando dices que tú NUNCA me dejarás, nunca me desampararás. Estoy aprendiendo, Señor. Ayúdame a aprenderlo mejor. Ayúdame a vivirlo mejor. Amén.

REPARANDO 12

Si la vasija horneada es golpeada, agrietada, botada, o quebrada, Dios no se desalienta.

Una vasija que ha sido horneada una vez es muy, muy fuerte. Cuando hago talleres de cerámica, hay una parte de mi demostración que disfruto mucho en particular. Traigo dos vasijas conmigo, una de ellas hecha de barro seco, sin hornear, llamado *greenware*, y la otra hecha de un barro que ya ha sido horneado una vez, llamado *bisqueware*. Se ven casi idénticas.

Agarro la vasija *greenware*. Se la doy a la más delicada y preciosa mujer que encuentre: una anciana santa, un niño pequeño. "¡Quiébrela!", le digo. Y ella me mira, desconcertada.

"¡Quiébrela!"

Un pequeño apretón, y la vasija se deshace.

Tomo la vasija *bisqueware*. Se la doy al hombre más grande, fuerte, fornido que pueda encontrar: un jugador de futbol americano, un trabajador de construcción. "¡Quiébrela!", le digo. Y él me mira sonriente.

Pero el trabajo no es tan fácil. Él aprieta, balbucea, estruja los dientes, aprieta más. Finalmente recurre a una de dos estrategias: la separa con ambas manos, o la golpea contra algo duro y se hace trizas.

Sí, logra quebrarla. Pero realmente requiere esfuerzo. Como resultado de tanta atención del alfarero y tanto calor de la llama, la vasija está más fuerte y más durable que antes. Está a punto de convertirse en algo bello y útil.

¿Pero se puede hacer algo si una vasija cocida se rompe? Como vimos antes, si la vasija nunca ha sido horneada, el alfarero solo recoge las piezas rotas y les añade agua. El barro duro, seco, se disuelve, y el alfarero simplemente comienza el proceso de nuevo.

El barro cocido es diferente. Ha sido definitiva, irreversiblemente, cambiado para siempre. El tiempo ha transcurrido. Y las pruebas. Está rígido ahora. Fuerte. Duro. El agua no lo puede tocar. No se disolverá.

¿Qué si algo realmente malo ocurre en esta etapa de la vida de la vasija, y la vasija se astilla, se parte, o se destroza?

Una astillita, grieta, o rotura todavía puede ser reparada. Requiere trabajo cuidadoso, pero las partes rotas pueden ser recogidas, desempolvadas, pegadas y alisadas. Se puede usar un pegamento muy fuerte—tan fuerte, de hecho, que la parte unida se pone más fuerte que la vasija misma. Si la vasija es sometida a presión, no se romperá en el lugar que fue reparado. Se pone más fuerte en las partes rotas.

¿Qué si la vasija se parte en dos por completo, o si las piezas quebradas ya no se pueden juntar? Esto también puede ser enmendado o reusado. Pero antes de que consideremos el proceso, vale la pena recordar que puede ser en el quebrantamiento que una vasija logre su mayor propósito.

SE GANA UNA GRAN BATALLA.

En Jueces 7, leemos acerca de Gedeón y su pequeño ejército, listos para defender Israel venciendo a los madianitas. Parece imposible, y la estrategia de batalla del Señor es muy insólita. Gedeón divide a sus trecientos hombres en tres compañías. Luego, distribuyó entre todos ellos trompetas y cántaros vacíos, con antorchas dentro de los cántaros.

JUECES 7:16

No espadas ni mosquetes, no rifles ni bayonetas. Trompetas. Antorchas. Y cántaros de barro. Y solo miren lo que pasa después:

Gedeón y los cien hombres que iban con él llegaron a las afueras del campamento durante el cambio de guardia, cuando estaba por comenzar el relevo de medianoche, tocaron las trompetas y estrellaron contra el suelo los cántaros que llevaban en sus manos. Las tres compañías tocaron las trompetas e hicieron pedazos los cántaros. Tomaron las antorchas en la mano izquierda y, sosteniendo en la mano derecha las trompetas que iban a tocar, gritaron: "¡Desenvainen sus espadas, por el SEÑOR y por Gedeón!" Como cada hombre se mantuvo en su puesto alrededor del campamento, todos los madianitas salieron corriendo y dando alaridos mientras huían.

JUECES 7:19-21

Dios ganó una gran victoria ese día. Y las vasijas de barro, rotas para revelar la luz, fue el medio utilizado por Dios para lograrla.

SE OTORGA UN GRAN HONOR.

En Marcos 14:3, leemos acerca de un acto extravagante de adoración y sacrificio:

En Betania, mientras estaba él sentado a la mesa en casa de Simón llamado el Leproso, llegó una mujer con un frasco de alabastro lleno de un perfume muy costoso, hecho de nardo puro. Rompió el frasco y derramó el perfume sobre la cabeza de Jesús.

MARCOS 14:3

Jesús es honrado con esta acción y dice: "Ella ha hecho una obra hermosa conmigo". Ella rompe el caro recipiente y derrama todo su contenido. C. S. Lewis comprendió el significado de este pasaje. En su libro *Cartas a una dama americana*, Lewis escribe: "El sentido alegórico de su gran acción se me vino el otro día. El precioso recipiente de alabastro, el cual uno debe romper sobre sus Pies Sagrados es el propio corazón. Es más fácil decirlo que hacerlo. Y el contenido se vuelve perfume sólo cuando es roto".

El salmista añade,

El sacrificio que te agrada es un espíritu quebrantado; tú, oh Dios, no desprecias al corazón quebrantado y arrepentido.
SALMO 51:17

Jesús es ungido en preparación para lo que va a venir. Y el vaso de alabastro, roto para derramar su contenido, fue el medio utilizado por Dios para lograrlo.

SE LOGRA UNA GRAN LIBERACIÓN.

El más grande momento en toda la historia de la humanidad es un momento de quebrantamiento. Jesús por voluntad propia se ofreció a sí mismo en la cruz, un sacrificio perfecto para el mundo entero. Él sabía con anticipación que este era el significado de su muerte:

Que el Señor Jesús, la noche en que fue traicionado, tomó pan, y después de dar gracias, lo partió y dijo: 'Este pan es mi cuerpo, que por ustedes entrego.'
1 CORINTIOS 11:23-24

Es el quebrantamiento lo que honramos cada vez que celebramos la Cena del Señor juntos (1 Corintios 10:16).

Dios logró la salvación aquel día. Y el cuerpo de Cristo, maltratado por usted, fue el medio que Dios usó para obtenerla.

No hay ninguna otra imagen en la alfarería que ayude a enfatizar la belleza del quebrantamiento. Aun si la vasija cocida está completamente rota, no es demasiado tarde para redimirla. Aun frente a la destrucción completa, Dios no se desalienta.

Cuando los alfareros quieren crear una obra que sea particularmente desafiante,—especialmente formas delgadas, inusualmente altas, creativas, atrevidas—ellos le añaden al barro mojado un material en polvo llamado chamote. El chamote le añade fuerza y cuerpo al barro suave, permitiéndole ser presionado más y tirado con más fuerza de lo que sería posible sin él. El barro sin chamote tiene más propensión a fatigarse y fallar. El barro con chamote puede aguantar mejor los desafíos, las tensiones repetidas, y el trabajo duro en particular.

El chamote está hecho de barro cocido que ha sido quebrado y luego molido para formar un polvo arenoso.

En términos de la estructura, el chamote ayuda al cuerpo del barro añadiéndole potencia extra y solidez que el nuevo barro sencillamente no tiene.

Pero en términos de imágenes, el chamote ilustra como la experiencia a través de los tiempos duros de la vida da fortaleza en el seno de los nuevos desafíos. Cuando uno le añade chamote viejo al barro nuevo, es como si el don de la fuerza, obtenido a través del quebrantamiento y el sufrimiento, se transmitiera a los vasos nuevos y más jóvenes.

Es como los amados santos de su iglesia que han pasado por tiempos duros, y debido a eso tienen tanto que ofrecer para la salud y efectividad de su congregación. Es como la madre soltera que ha criado una buena familia y ahora puede llegar al lado de una adolescente embarazada y temerosa. Es como el hombre que una vez supo acerca del yugo del alcoholismo y terminó en las calles, ahora sobrio y recuperado puede relacionarse convincentemente con otros que enfrenten las mismas tentaciones.

En nuestras familias, nuestros vecindarios, nuestras agrupaciones, nuestras células, hay individuos cerca de nosotros que pueden aportar el valor de la experiencia vital que nos da fuerza duradera a todos.

PREGUNTAS PARA REFLEXIÓN Y CONVERSACIÓN:

¿Tiene usted algún ministerio ahora que sea el resultado de la adversidad en su pasado? ¿Hay algún ministerio en el que usted podría entrar ahora, que tenga como base la fuerza de sus experiencias para el beneficio de otros?

¿Hay preocupaciones, temores, necesidades, anhelos, heridas, u otros tesoros firmemente encerrados dentro de su corazón, cosas que necesiten ser liberadas y derramadas a los pies de Jesús? Hágalo de una manera que sea significativa: ore, alabe, escriba en su diario, hable, cante, cree, camine, llore, baile, cosa, pinte, plante. ¿Es mejor abordar esto mediante tiempo de retiro, mediante alguna actividad, mediante palabras, o a través de tiempo personal con un amigo de confianza o consejero o ministro?

ORACIÓN:

Señor Jesús, todo en mí quiere evitar el sacrificio del quebrantamiento. Pero empiezo a ver que se puede lograr mucho como consecuencia del quebrantamiento, no a pesar de él. Las antorchas de Gedeón no podían resplandecer hasta que los cántaros fueran quebrados. El suave aceite de la unción no podría haber sido derramado hasta que el vaso fuera destrozado. Y sé que el ejemplo supremo es tu propio sacrificio, tu cuerpo molido por mí. Ayúdame, Señor, a ver cómo el dolor y la adversidad de mi vida pueden ser una fuente de fortaleza y sanidad para mí, y para otros. Ayúdame a comprender el gran misterio de Filipenses 3:10, la comunión de tu sufrimiento que lleva al poder de tu resurrección. Amén.

13

VOLVIENDO

La vasija es vidriada y regresa al fuego.

Hace varios años, mi esposo y yo compramos una casita, el tipo de casa que llaman "para arreglar y mejorar". Era pequeña y destartalada pero adorable. Ya no veía las horas de comenzar el proceso de transformación, remangarme la camisa y ver como Dios podría hacer una montaña gloriosa de este volcancito de arena. Dos días después de que nos mudamos, me dirigí al patio trasero con una caja de herramientas en la mano. El primer trabajo consistía en raspar los años de mugre y pintura vieja de las ventanas y dejar que el sol brillara a través de ellas. Así que tomé la cuchilla con mi mano derecha.

Pero la cogí demasiado rápido, con mucho descuido. Se resbaló, y la esquina de la hoja se deslizó dentro del nudillo de mi dedo meñique. La herida fue rápida y muy profunda.

El cirujano ortopédico me dijo que me había partido el tendón de ese dedo, y que él tendría que hacerme una incisión en la mano para pegar de nuevo el tendón. Me llevó al hospital, y mientras esperaba en el cuarto de preparación para la cirugía, el anestesiólogo y la enfermera se sentaron conmigo para hablarme del procedimiento. Yo estaba relajada, quizás hasta alegre. Ellos parecían sorprendidos por ello, pero la explicación era simple: yo nunca había tenido una cirugía antes. Ni siquiera había estado hospitalizada antes. No tenía la menor idea de lo que iba a pasar.

Si tuviera que tener otra cirugía de nuevo, sabiendo lo que sé ahora sobre lo difícil y doloroso que es—sobre los meses de recuperación, la dificultad de la terapia física, el efecto desfigurador de esa larga, cicatriz rosada—no habría sido nada arrogante. Fui valiente solo porque no tenía ninguna idea de lo duro que sería.

El barro que nunca ha sido cocido es un poco parecido a eso. El alfarero alza la vasija y la mete en el horno. El barro no tiene absolutamente ninguna idea de lo que va a pasar. Decirle sí al primer cocimiento no es gran cosa.

Pero pasar por el fuego una segunda vez es otra cosa. He estado allí. Lo he hecho. Detesté cada minuto. Pero a veces eso es exactamente lo que somos llamados a hacer. Regresar. Y volverlo a hacer.

Ir con un hermano distanciado una y otra vez, arriesgándose al dolor del rechazo pues hay una vaga esperanza de reconciliación. Y aun así persistir.

Ir al hogar de ancianos una y otra vez a visitar a un padre enfermo que nunca parece mejorar, sino que está perdiendo ambas, la facultad mental y la habilidad, con el paso del tiempo. Y aun así persistir.

Ir a un trabajo tedioso una y otra vez, aun cuando no es gratificante ni trae ninguna satisfacción. Y aun así persistir.

Volver a un lugar de dolor y desafío nunca es fácil.

Los hermanos de José lo sabían. Cuando la hambruna se puso dura en Israel, diez de los hermanos de José fueron a Egipto a comprar trigo (Génesis 42). Fue un viaje largo, polvoriento, y cuando llegaron tuvieron un intercambio extraño y estresante con José quien "fingiendo no conocerlos, les habló con rudeza" (v. 7). Dejando atrás Egipto, ellos regresaron a Israel y a su padre Jacob. Pero no transcurrió tanto tiempo antes de que su necesidad se agravara una vez más. ¿Se atreven a hacer otro viaje a Egipto? Sí, lo hacen. Y finalmente se reúnen con su hermano.

Nehemías lo sabía. Cuando los muros de Jerusalén se deterioraron. Nehemías encabezó una gran iniciativa y reconstruyó los muros y las puertas de la gran ciudad (Nehemías 1-6). Más de cuarenta y dos mil exiliados hebreos regresaron, y Jerusalén experimentó un glorioso renacimiento (Nehemías 7-12). Con el trabajo concluido, Nehemías regresó a Babilonia, y mientras estaba lejos, todo se derrumbó. ¿Se atreve otra vez a intentar restaurar esa ciudad? Sí, lo hace. Y finalmente ve el triunfo de la palabra de Dios.

Moisés lo sabía. Cuando los hebreos cruzaron el Mar Rojo hacia la libertad, necesitaban la guía de Dios para darles orden a sus vidas. Así que Dios se encontró con Moisés en el Monte Sinaí:

> *Era tanto el humo que salía del monte, que parecía un horno; todo el monte se sacudía violentamente, y el sonido de la trompeta era cada vez más fuerte.*
> **ÉXODO 19:18**

Dios escribió su ley en tablas de piedra. Dejando atrás el Sinaí, Moisés caminó de regreso al campamento. Viendo el becerro de oro, se enfureció tanto que hizo pedazos las tablas. Entonces Dios vino a él una segunda vez: "Labra dos tablas de piedra semejantes a las primeras que rompiste. Voy a escribir en ellas lo mismo que estaba escrito en las primeras" (Éxodo 34:1). ¿Se atreve a encontrarse otra vez con el Dios de humo y temblor? Sí, lo hace. Y finalmente la ley completa de Dios es fielmente entregada.

Para la vasija de barro, la segunda vez en el horno es el paso que revela su belleza completa. Antes de que la vasija sea cocida la segunda vez, es vidriada. Una gruesa suspensión de químicos, básicamente diminutos, diminutos fragmentos de vidrio, es aplicada con brocha sobre la superficie. Al subir la temperatura, estos se derriten y se fusionan, cubriendo la vasija de un color brillante.

La primera vez revela la fuerza de la vasija.

La segunda vez revela su color y su verdadera belleza.

Pero toma valor, muchísimo valor, regresar y pasar por eso otra vez. De regreso a Egipto. De regreso a Jerusalén. De regreso al Monte Sinaí. De regreso al fuego y la llama. El segundo viaje es infinitamente más difícil que el primero. Pero en el fondo hay un susurro, una promesa:

> *El SEÑOR es el Dios eterno, creador de los confines de la tierra. No se cansa ni se fatiga, y su inteligencia es insondable. Él fortalece al cansado y acrecienta las fuerzas del débil. Aun los jóvenes se cansan, se fatigan, y los muchachos tropiezan y caen; pero los que confían en el SEÑOR renovarán sus fuerzas; volarán como las águilas: correrán y no se fatigarán, caminarán y no se cansarán.*
> **ISAÍAS 40:28-31**

PREGUNTAS PARA REFLEXIÓN Y CONVERSACIÓN:

¿Hay algún trabajo que usted tema enfrentar porque ya estuvo allí y es demasiado doloroso imaginar intentarlo otra vez? Háblele a Dios al respecto, y pídale el valor para persistir haciendo lo que es correcto.

¿Hay algún trabajo en curso que se haya vuelto casi inaguantable, pero aun así usted siente que necesita quedarse y completarlo fielmente? Pídale a Dios que transforme lo mundano en milagroso para que usted pueda ver su mano aun en medio de esta circunstancia.

ORACIÓN:

Dios, hay cosas en mi vida que son difíciles porque en realidad he contado el costo y he experimentado el dolor y eso me dificulta perseverar. Oro para que tú cambies mi corazón o cambies mis circunstancias. Y sea lo que sea que tú escojas, estoy determinado a buscar maneras en las que el amor, el gozo, la paz, la paciencia, la amabilidad, la bondad, la fidelidad, la mansedumbre y el dominio propio abunden en mi vida. Amén.

REDIMIENDO 14

*Si la vasija terminada se cae y se destroza,
Dios no se desalienta.*

Allí está, brillante y bella, en la mesa del comedor sosteniendo flores frescas, en el gabinete de China esperando una comida de la empresa, en el escritorio del trabajo ofreciendo un punto de belleza en medio de la rutina diaria de la vida. Nuestra vasija está terminada.

Así que imaginemos lo inimaginable.

¿Qué pasa si esta vasija fuerte, colorida, bella, terminada, es dejada caer?

Aun ahora, aun en este punto del proceso, es posible todavía que el alfarero corrija la situación.

Hace varios años empecé a experimentar con una nueva forma de arte: el mosaico. Había visto ejemplos de mosaico, pequeños y grandes, y me atrajo la belleza de todo.

Hay un restaurante no muy lejos de mi casa con una entrada espléndida compuesta en su totalidad de grandes pedazos rotos de cerámica de colores vivos, arreglados en un diseño abstracto, luminoso y atrevido.

Hay una fuente en un patio de la vecindad, y la fuente está cubierta con pedacitos de azulejos de cerámica de colores.

He visto mosaicos antiguos en museos, algunos de los cuales tienen casi cuatro metros de altura, y contienen imágenes complejas de personas, caballos, batallas, columnas y otras escenas conmovedoras. Después de miles de años, los colores están todavía asombrosamente vivos, claros, fuertes y bellos.

Hasta los azulejos de cerámica que usted podría encontrar en la pared de su baño o mostrador de la cocina o el piso de su pasillo principal son un tipo de mosaico, superficies bellas, durables, hechas de pedacitos de barro vidriado y cocido.

Esos grandes mosaicos antiguos en el museo y esa radiante moldura moderna en el restaurante están hechos mediante procesos similares. Se prepara una superficie limpia y lisa, y se arreglan las piezas de cerámica en un diseño. Una vez que se determina el diseño, cada pieza individual es pegada en su lugar. Luego se aplica lechada sobre el diseño entero. La lechada se parece y se siente muy similar al betún de un pastel. Se aplica en todas las hendiduras entre las piezas y entonces se alisa. Luego se limpia cuidadosamente la superficie de cada pieza de barro con una esponja húmeda. Después de que la lechada se endurece, en algunas horas o en un día o dos, los azulejos de barro son pulidos con un paño suave para remover cualquier rastro de lechada de la superficie y dejar lucir el color.

Como soy alfarera, me gusta utilizar platos rotos cuando hago mosaicos. Tomo tazas de té y platos de comida y platos soperos rotos y combino los restos en nuevas formas para decorar una casita de pájaros o un florero o un arreglo de mesa. Mientras trabajo, me acuerdo del milagro de la redención. Tengo una amiga que es confeccionista de colchas. Ella usa retazos de tela de manera muy parecida a como yo uso las partes de barro, juntando restos viejos en nuevas formas, haciendo algo de belleza y gran valor.

La pieza cerámica original sirvió un propósito, y fue buena en su tiempo. La nueva pieza cerámica cumplirá su propósito también. Y es buena en su tiempo.

Es interesante que cuando mis estudiantes y mis amigos se enteraron de que estaba haciendo mosaicos, empezaron a traerme tazones astillados, platos quebrados, estatuas agrietadas, tazones de café rotos. De vez en cuando llegaba al trabajo en la mañana para toparme con una bolsa de supermercado llena de cerámica vieja delante de la puerta de mi oficina. Ha habido platos de servir en mi casillero, tórtolos de porcelana en mi escritorio, bolsas de platillos desiguales en mi mecedora. A una gran amiga le ha dado por merodear las ventas inmobiliarias y los mercados al aire libre en busca de china astillada. ¡Otra amiga aprovechó la oportunidad para comprarse una vajilla nueva y donarme la vieja que tenía para ocho personas! Cada pieza, quebrada en partes y combinada con otros fragmentos viejos, se ha convertido en la materia prima de algo nuevo.

Es interesante en particular, escuchar a mis amigos decir que el hallazgo de esta forma de arte les ha cambiado la perspectiva por completo. Antes, cuando un plato se les caía o una taza se les astillaba, estaban que echaban chispas. ¡Qué desastre! Ahora cuando las piezas de cerámica se les quiebran, solo sonríen: "Guau, miren eso. ¿Me pregunto lo que Diana puede hacer con esto? Ven el accidente como una oportunidad de contribuir a una causa artística. ¿Acaso no es interesante que la situación no cambió? Solo su actitud y punto de vista.

Bien comprendido, no hay materia prima, no accidentes, no piezas rotas, que nuestro Creador Dios no pueda redimir. Porque no importa lo que pase, Dios jamás, jamás se desalienta.

PREGUNTAS PARA REFLEXIÓN Y CONVERSACIÓN:

Haga una lista de varias situaciones donde usted se ha dicho, "Es demasiado tarde". Luego ofrézcale la lista a Dios en oración.

Tome tiempo esta semana para apreciar la belleza de un mosaico, un edredón, un collage, un álbum de recortes, o cualquier forma de arte que está hecho por un artista que ha redimido piezas y fragmentos para hacer algo nuevo. O aparte tiempo para usar sus propios talentos creativos de una nueva manera.

ORACIÓN:

Cambia mi corazón, Oh Dios, para que pueda aprender a estar siempre alerta a las oportunidades redentoras que pueden hallarse aun en las situaciones más lamentables.

PERMANECIENDO

La vasija está ahora fuerte, bella y útil,
lista para que el Maestro la use.

Ha sido un largo viaje desde la quietud de la ladera de la montaña, donde gruesos depósitos de barro estaban ocultos, a la alegría del alfarero al encontrar el barro y llevarlo a casa, al proceso paciente de limpieza, amasado, pegado y moldeado del barro, al fogonazo y la transformación final lograda mediante la intensidad y la perseverancia. Hemos visto como se ven las cosas cuando todo sale bien. También hemos visto que nuestro Dios soberano no se desalienta ante esos eventos que percibimos como errores, traspiés, desvíos y accidentes. Todas estas cosas ayudan para bien.

Somos tan parecidos al barro, amados y buscados por el Gran Artista, conducidos a su casa, moldeados a su manera. Somos, como Pablo dice, "alégrense en la esperanza, muestren paciencia en el sufrimiento, perseveren en la oración" (Romanos 12:12). Es cierto que las cosas se ponen duras:

> *Nos vemos atribulados en todo, pero no abatidos; perplejos, pero no desesperados; perseguidos, pero no abandonados; derribados, pero no destruidos.*
> **2 CORINTIOS 4:8**

¿Cómo es posible que vivamos con tal esperanza? Porque sabemos que somos vasos de barro, vasijas de barro, que llevamos la vida de Jesús dentro de nosotros como testimonio de que toda la excelencia del poder es de Dios y definitivamente no de nosotros (2 Corintios 4:7).

Hay tantas maneras en las que nos parecemos a esa vasija de barro y reflejamos el proceso por el que ha pasado bajo las manos del amoroso alfarero. Pero también hay importantes diferencias. La vasija pasa por el proceso una vez. Luego es acabada. Al avanzar a través de nuestras vidas, como vasos vivientes, nos encontramos repitiendo varias etapas del proceso. O, podríamos repetirlo a un nivel más alto o experimentarlo en una dimensión diferente, pero durante todas nuestras vidas encontramos que Dios tiene un poquito más de trabajo que hacer. Necesita moldearnos y refinarnos de nuevo, hasta ese gran día en el que seamos como Cristo, cuando lo veamos cara a cara (1 Juan 3:2).

Mientras tanto, ¿dónde se encuentra usted hoy en este proceso continuo?

¿Sintiéndose un poco perdido, fuera del sendero trillado, quieto, sintiéndose solo, perplejo, mirando, esperando, pero todavía no atento al cuidado del alfarero?

¿Siendo limpiado y alojado, separado de lo mundanal, sintiendo el jalón de las impurezas de su vida, odiando la sensación de dolor, muerte y pérdida, por un lado, dándole la bienvenida al toque purificador que trae libertad por el otro?

¿Siendo amasado, empujado y empujado y empujado de nuevo, tratando esas partes rugosas para que cualquier irregularidad salga a la superficie y cada parte de su vida sea enderezada, alineada, marcada por la fuerza de la integridad completa?

¿Forzado al compromiso, ya no permitiéndosele contonearse a su gusto, con las puertas cerradas a diestra y siniestra, siendo desafiado a darle un sí decisivo al proceso de Dios?

¿Siendo centrado, renunciando a las cosas superfluas que lo sacan del camino, refinando su enfoque, llevando su voluntad a un acuerdo total con Su voluntad, aun en las cosas pequeñas?

¿Siendo abierto, renunciando, creando espacio, permitiendo tiempos de quietud y recogimiento para que Dios le hable su verdad al centro de su alma?

¿Siendo moldeado, adaptado, ajustado, movido, caminando en direcciones que usted no esperaba, enfrentándose a decisiones que no anticipaba, viendo su vida redirigida a caminos aterradores, sorprendentes, gratificantes, aun milagrosos?

¿Esperando, quieto, sintiéndose seco, tentado a la impaciencia, preguntándose cuándo será el tiempo para avanzar?

¿Sorprendido por el fuego, la intensidad, el calor, el desafío, el dolor, la desilusión?

¿Atemorizado ante el prospecto de un segundo o tercero o cuarto viaje de regreso al mismo sufrimiento que fue casi inaguantable la última vez?

¿Honrado al ver cuán tiernamente Él ha juntado las piezas rotas y las ha moldeado en una belleza y gracia que usted nunca se podría haber imaginado?

¿Sorprendido ante la evidencia de que Dios ha estado haciendo grandes cosas por medio de usted?

Durante todas nuestras vidas, Dios nos lleva adelante y atrás mediante estos pasos, perfeccionando, refinando, renovando, reconstruyendo. A diferencia del alfarero humano, el Alfarero Divino nunca termina, sino que siempre saca a relucir algo nuevo. En nosotros. Y por medio de nosotros.

Ahora tenemos trabajo que hacer.

PREGUNTAS PARA REFLEXIÓN Y CONVERSACIÓN:

¿Con qué paso del proceso se relaciona más usted en este ciclo de su vida?

¿Hay pasos que usted ha estado deliberadamente resistiendo, evitando o descuidando? Pídale a Dios que lo haga estar dispuesto a ser hecho, dispuesto a entregarse aun a ese proceso.

ORACIÓN:

Dios, soy formidable y maravillosamente hecho. Me llamaste a ser y me has moldeado con tu mano. A través de las circunstancias de mi vida, los tiempos de larga sequedad, los tiempos de fuego intenso, los tiempos de bendición inmensurable, tú has estado trabajando en muchas, grandiosas maneras. Gracias porque soy el fruto de tu trabajo. Ahora, Señor, ayúdame a ser fiel en el trabajo que me estás llamando a realizar, hoy y todos los días, y a través de todas las estaciones de mi vida. Aquí estoy. Hecho por el maestro. Aquí estoy. Listo para tu uso. Amén.

LECTURA RECOMENDADA

Foster, Richard. *Celebración de la disciplina* y *Libertad de la simplicidad*. Hay varios libros que intento releer con regularidad, y estos dos son especialmente significativos para mí. Y son una lección de humildad—siempre me siento convicta y cambiada por lo que Foster tiene que decir.

Keller, W. Phillip. *Un pastor de ovejas mira el Salmo 23*. Una de las más bellas imágenes que Dios nos da es la descripción de sí mismo como un pastor que cuida a sus ovejas. Keller trabajó como pastor, y por eso cuando lee el vigésimo tercer Salmo, él comprende la plenitud de su significado. Un clásico que consuela y anima.

Lewis, C.S. *El problema del dolor* y *Una pena en observación*. A veces necesitamos ayuda para comprender por qué tantas cosas malas ocurren y porqué Dios a veces parece distante e injusto. A veces necesitamos saber que otras personas han pasados por tiempos de dificultad personal y saben cómo nos sentimos. Lewis ha escrito ambos tipos de libros: *El problema del dolor* es una respuesta intelectual a la cuestión del mal; *Una pena en observación* es el diario que él mantuvo cuando su esposa, Joy Davidman, murió. Cada libro es espléndido a su manera.

Packer, J. I. *Conociendo a Dios*. Una exploración clásica de la naturaleza y carácter de Dios. Léalo para llegar a conocer mejor a Dios que lo ama.

Sayers, Dorothy L. *La mente del Hacedor*. Sayers ofrece una mirada reflexiva a la naturaleza de la creatividad y a las maneras en que la creatividad de Dios se refleja en nosotros.

Willard, Dallas. *El espíritu de las disciplinas*. Sustancioso y sugerente, este libro nos ayuda a entender cómo las disciplinas espirituales se convierten en herramientas de transformación en nuestras vidas.

RECONOCIMIENTOS

Yo debo un gran deuda de gratitud a muchas personas que me han apoyado y dado ánima, no solo en este proyecto sino en el proceso continuo de reconocer y cooperar con la mano de Dios en mi vida diaria. En la preparación de este libro de trabajo, yo especialmente quiero reconocer a la fiel colaboración de "Los Niños" por perseverar en fe y oración; El Departamento de Arte y Diseño de Azusa Pacific University (especialmente Bill, Sue, Tom y Guy) por alentar a mi obra; Adam y Becky Bradley, por el privilegio de colaborar con su visión artística; Lynn Maudlin, por venir a mi rescate. De nuevo. A nuestras estimadas amigas, Alene Campbell-Langdell y Melissa Campbell-Langdell, por su fidelidad a Dios y amistad a lo largo de los años. Trabajar con Aroldo Solórzano ha sido una bendición para mi alma. Es tan raro encontrar a alguien que no sólo traduzca las palabras sino también el sentimiento del texto. Estoy muy agradecida.

Y finalmente Sierra. Eres una obra maestra de la gracia de Dios.

ACERCA DE LA AUTORA

Diana Pavlac Glyer es alfarera, pintora y una ávida jardinera. Enseña en el colegio honorífico en la Universidad de Azusa Pacific. Ella disfruta la obra de C.S. Lewis y J. R.R. Tolkien y ha publicado libros y artículos sobre su proceso creativo. Ella vive en el sur de California.

PARA MÁS INFORMACIÓN, VISÍTELA EN LÍNEA EN

WWW.DIANAGLYER.COM

Barro en las Manos del Alfarero
fue diseñado y compuesto por
Matthew K. Tyler
en Arno Pro y Avenir
y publicado por

Lindale & Assoc.

A Division of TreeHouseStudios

Made in the USA
Monee, IL
22 October 2020